CUANDO SE VIVE ENTRE EL ESTRÓGENO Y LA MUERTE

BÁRBARA JOHNSON

BETANIA

Un Sello de Editorial Caribe

Betania es un sello de *Editorial Caribe, Inc.*
Una división de *Thomas Nelson, Inc.*

© **1997 EDITORIAL CARIBE**
P.O. Box 141000
Nashville, TN 37214-1000, EE.UU.
E-mail: caribe@editorialcaribe.com

Título del original en inglés:
Living Somewhere Between Estrogen and Death
© 1997 por *Bárbara Johnson*
Publicado por *Word Publishing*

Traductor: *Javier Antonio Quiñones Ortiz*

ISBN: 0-88113-474-0

Impreso en EE.UU.
Printed in U.S.A.

3ª Impresión

Para *Gopher Bill*,
mi perfeccionista esposo ingeniero.

Lo llamo ladrón de mi gozo, ¡pero en verdad me ha
hecho buscar con tanto ahínco los gozos escondidos de
la vida que he encontrado *más* gozo de lo que jamás había
soñado! Es el ancla sólida y práctica que mantiene a su
tontuela esposa afincada; me encanta oírle decir que soy su
mejor amiga. Es mi inestimable ayudante, contribuidor y
compañero de trabajo, y sin él jamás se hubiera
completado ninguno de mis libros.

Contenido

1. **Los años de maravilla**   7
   ¡Cuando nos preguntamos cómo envejecimos y por qué no ahorramos para la cirugía plástica!

2. **Fracasos en la clínica para adelgazar... y otras excusas para el volumen de la mediana edad**   33
   Tienes un corazón de oro. ¡Eso explica el porqué pesas doscientas libras!

3. **Un hecho de la vejez: Lo que pierdes en elasticidad lo ganas en sabiduría**   51
   No es que esté en contra del ejercicio. Es que cuando miro mi cuerpo, ¡creo que ya lo han castigado bastante!

4. **Envejecer es inevitable; madurar es algo opcional**   69
   De espíritu salvaje: le dan punzadas en las bisagras.

5. **Recuerdos preciosos: Cómo nos dejan**   99
   Jóvenes de corazón, un tanto más viejos en otros lugares.

6. **Las abuelas son muñequitas antiguas**   117
   ¡Los nietos son la recompensa de Dios por haber sobrevivido la crianza de sus hijos!

7. **El hombre es la raíz de todos los males, ¿verdad chicas?**   135
Los hombres son como los estacionamientos. Los buenos están ocupados, ¡y el resto, o están incapacitados o ya los parquímetros están llegando a su término!

8. **¡Listas para el despegue!**   159
Soy hija del Rey... preparándome todavía para vivir en el palacio.

Agradecimiento de permisos   175

Notas   179

Los años de maravilla

*¡Cuando nos preguntamos cómo envejecimos y
por qué no ahorramos para la cirugía plástica!*

Bill y yo nos fuimos hace poco en un crucero que nos hizo sentir más jóvenes de lo que somos... ¡y exhaustos también! Cuando el grupo de nuestra gira se reunió el primer día y tuvimos la oportunidad de observarnos mutuamente, ¡Bill y yo nos sorprendimos al descubrir que al parecer éramos los más jóvenes! Cuando consideras que no somos ningunos jovencitos (más cerca de la encrucijada geriátrica de lo que quisiéramos admitir), ¡podrás imaginarte cuán viejas se veían esas personas!

Me pregunto si en la parte del contrato impresa con letra pequeña (la cual nunca leemos porque ya no podemos *ver* letras tan minúsculas) se describió el viaje como una oferta para los de la tercera edad. Sin embargo, no nos molestamos. Al principio era un tanto divertido ser los «jovencitos» del grupo; creía que eso me excusaría en el caso de que me viera enredada en cualquier travesura.

Pero ya para el segundo día, la novedad de ser «joven nuevamente» se había acabado; la situación mostraba ahora su otra cara. Cada vez que salíamos del barco en algún tipo de excursión, una y otra vez oíamos:

—¡Caramba, se me quedó el abrigo en el barco!

—¿Alguien ha visto mi cartera? Ah, no... Sin duda la dejé en el baño.

—No puedo ver nada sin mis lentes. A lo mejor me los quité cuando usé los binoculares en aquel mirador.

Después de cada uno de estos anuncios, todos los viejos ojos parecían volverse expectativamente hacia Bill o hacia mí. Sus rostros hundidos se arrugaban al sonreír esperanzados.

—Gracias, mi amor, qué amable eres al alcanzarme esto —decían, mientras Bill o yo suspirábamos con paciencia y regresábamos a buscar los artículos perdidos.

Los ayudábamos cuando subían y bajaban las escaleras bamboleándose lentamente; esperábamos fuera de los servicios sanitarios aguantando sus bolsos, bufandas, abrigos, paquetes y sándwiches a medio comer embutidos en cajitas de servicio rápido. Después de cada parada, los guiábamos en voz alta mientras sus pies se esforzaban por encontrar los escalones del ómnibus.

—Un poquito más arriba... muy bien... bueno... suba un poco más... ya casi llegó. Ya.

Y entonces los empujábamos para que llegaran arriba y volvieran a sus asientos. Después, en el ómnibus, al menos con uno de ellos, soportábamos el mismo tipo de confusa conversación:

—¡Llegamos! Este es tu asiento.

—¿Estás seguro?

—Ajá, este mismo es. Siéntate y partiremos.

—No lo *siento* como mi asiento... Yo había acomodado el mío y este está muy inclinado.

—Bueno, simplemente baja esa manija y... ¡Ay! La bajaste muy rápido. ¿Se te cayeron los dientes?

—Este no es mi asiento. Yo estaba sentado más al frente. Ahora no puedo ver nada.

—No, estabas aquí. Podrás ver en cuanto Marcos se quite el sombrero. ¿Ves? Aquí está tu bordado, y ahí está la revista de Aixa que te llevaste prestada.

—¿Es ese mi bordado? Yo creía que estaba haciendo un abrigo *rosado*.

Al final, todos se sentaban, casi siempre con uno o dos gritando porque otra persona ocupó su asiento y unos cuantos que ni siquiera estaban seguros de haberse subido al ómnibus en que viajaban; y así salíamos hacia nuestra próxima parada, donde se repetía la misma rutina.

Cuando comíamos, Bill y yo leíamos los menús en voz alta para nuestros acompañantes, quienes parecían no prestar atención. Les cortábamos la carne, les untábamos mayonesa a sus sándwiches, buscábamos más servilletas y rastreábamos el agua caliente para diluir el café oscuro.

Algunas veces, cuando uno de estos débiles turistas, canosos y confundidos pedía ayuda, sonreía con la esperanza de aparentar paciencia y confiando en que la anciana dama no pudiera leer mi mente, pues deseaba desesperadamente decirle: *¡Pero bueno! Eso es muy sencillo. ¿Por qué no puedes resolverlo tú?*

Por supuesto, cuando estos sentimientos estaban a punto de salir a flote, volvía a hundirlos hasta el fondo.

No mucho tiempo después de estas «vacaciones», Bill y yo salimos para cumplir con una presentación. En esta ocasión íbamos a Canadá. En Montreal tomamos un pequeño avión (con cupo solo para doce personas) a fin de volar hacia la ciudad de Quebec, donde debía hablar. Una vez a bordo del avión se nos dio, al cruzar la frontera canadiense, un formulario un tanto complicado sobre reglas de aduana.

Aquel papel me parecía incomprensible. ¡Lo miré hasta quedarme bizca y aun así no entendía ni papa! Mientras tanto, de reojo podía ver al otro lado del pasillo una querida dama canosa que llenaba rápidamente los espacios en blanco en el formulario.

Frustrada, suspiré, refunfuñé, hice ruidos con la lengua y golpeé el irritante papel con mi bolígrafo. Pero ella no me miró, pues estaba muy ocupada respondiendo su formulario. Finalmente admití en voz alta:

—No puedo *leer* esto. ¿Cómo puedo llenarlo?

La anciana sonrió con paciencia y volvió a escribir mientras decía lentamente, como si se me hiciera difícil escucharla:

—Bueno, la primera línea le pide el *NOMBRE*. La próxima es para la *DIRECCIÓN*. La tercera línea es para la *FECHA DE NACIMIENTO*...

Obedientemente escribí mi nombre y dirección como me dijo. Íbamos por la mitad del confuso formulario, con la anciana pronunciando con cuidado la información que requería cada línea. En ese momento me sentí vieja, débil de mente y confundida. ¿Cómo es posible que esto me resulte tan difícil cuando ella iba como una bala por su formulario como un taquígrafo del tribunal? Me detuve y suspiré de nuevo. Entonces dije:

—Usted es muy inteligente. Ahora, ¿qué piden en esta otra línea? —y añadí—: Gracias por ayudarme.

Ella sonrió con esa misma sonrisa paciente. Luego me dijo que tenía ochenta años de edad. Se estiró desde su asiento al otro lado del pasillo y acarició mi brazo.

—Ah, me encanta ayudar —dijo—.

Pero en ese momento podía leer su mente, reflejada en sus resplandecientes ojos que decía: *¡Pero bueno! Eso es muy sencillo. ¿Acaso no puedes resolverlo tú?*

Sin embargo, fue realmente en ese momento cuando ella volvió la vista y miró mi formulario.

—Ay, cariño. Estás en el lado *francés*. Si lo viras, ¡el otro lado está en *inglés*!

Nos reímos bastante por el incidente. Esa amable chica me enseñó una valiosa lección aquel día: La vejez depende más de cómo uno se siente y actúa que de cuántos años haya vivido. Esa encantadora anciana me llevaba bastantes años, pero mi incapacidad para llenar el formulario me hizo sentir decrépita, mientras su amable risa hizo que ella pareciera como una brisa de aire fresco.

La vida gozosa... en profunda negación

A decir verdad, siempre he dicho que no me gusta estar rodeada de viejos; ¡así que me cuesta trabajo percatarme de que *ahora SOY una de ellos*! Me identifico fácilmente con esa mentalidad que ve a la mayoría de los viejos como aquel atolondrado grupo de personas de la tercera edad de nuestro crucero: siempre olvidadizos, desesperadamente confusos y, en general, como una molesta compañía. Cuando recuerdo esa imagen, no puedo sino susurrar una oración en la que ruego: *Por favor, por favor, POR FAVOR, ¡Señor! ¡No permitas que me ponga vieja!*

Por supuesto, la única manera de evitar ponerse viejo es morirse joven, y ese simplemente no era el plan de Dios para mí. Si has leído alguno de mis otros libros, sabes que hubo momentos cuando *quise* que eso pasara; discutí con Dios y le dije que ya había sufrido suficiente y era hora de irme a casa y disfrutar de algún descanso celestial. Pero al parecer Él tenía otras cosas en mente.

Dicen que la mejor manera de ponerse viejo es no apurarse a envejecer, y el Señor sabe que lo he evitado lo más que he podido. Pero la otra cosa acerca de la ancianidad es que nos llega sin mediar esfuerzo alguno de nuestra parte. Apagamos las velas de nuestra torta al celebrar los 21 años, y ¡zas! Sin apenas darnos cuenta tenemos puesto un gracioso sombrerito y cantamos «Las mañanitas» en un asilo de ancianos de la Florida, y nos preguntamos, *¿qué pasó?*

El buen humor a través de las edades

Sí, de acuerdo con mi certificado de nacimiento vivo en algún momento entre el estrógeno y la muerte. O, como dijera alguien, ¡entre la menopausia y LAS LETRAS GRANDES! Pero no tengo que *actuar* como si tuviera esa edad porque, gracias a Dios, he descubierto un maravilloso remedio contra la vejez. No va a hacer que el reloj retroceda y sin duda no es una droga maravillosa. Es más, se ha promovido desde los tiempos bíblicos como la cura para una amplia gama de problemas (lee Proverbios 17.22). Y tampoco es un secreto. Muchas personas lo usan. (¡Son *ellas* con las que quisiera irme en el próximo crucero!)

Si sabes algo sobre mí, o si has leído cualquiera de mis otros siete libros, ya puedes imaginarse de qué hablo. Es el mismo don divino que me ha mantenido en marcha a través de mis anteriores tragedias.

¿Qué es?

La risa.

El sentido del humor.

Una actitud expresada en el dicho de Oscar Wilde: «La vida es demasiado importante para tomarla en serio».

Una tendencia a buscar el gozo mientras dura el viaje, a descubrir la manera de reírse de *todo* lo que nos depare la vida, inclusive de la muerte. ¿Cómo podría reírse alguien de

For Better or For Worse [En las buenas y en las malas] por Lynn Johnston la muerte? Bueno, considera lo que sugirió Dorothy Parker como epitafio para su lápida:

Perdónenme el polvo.[1]

¿Verdad que está buenísimo? Esta es la misma actitud que hizo que el comediante Bill Cosby, al acercarse a su quincuagésimo cumpleaños, se echara a reír mientras citaba el consejo de su abuelo: «No te preocupes por la senilidad... Cuando llegue, no te darás cuenta».[2]

Esa actitud refleja el mismo gozo chispeante que *otra* anciana me ofreció dentro del avioncito en Canadá, cuando ambas nos reíamos por mi trabazón con el tonto formulario de la aduana. Esa maravillosa «joven» de ochenta años me recordó que la edad es en verdad un simple número, nada más. Lo que determina cuán viejos somos es lo que sentimos por dentro.

La manera en que vivimos, nuestras actitudes y nuestras acciones son lo que determinan la etapa de la vida en la que nos encontramos. Quizás tengas un esposo angustiado, pasando la crisis de los cuarenta, unos padres que tratan de recordar en qué década se encuentran e hijos adultos que te dan dolores de cabeza, pero si puedes continuar respirando y riéndote, sobrevivirás (¡al menos hasta que te llegue el turno de mudarte al hogar de los desorientados y trates de recordar en qué década estás!).

Cualquiera puede reírse, esté en condiciones de moverse o tenga que quedarse acostado, sea activo o lisiado, ¡cuente solo con uno o tenga los dos ojos, brazos, piernas y riñones! Ninguna limitación física puede evitar que se ría. Aun si algún problema le ha robado la voz, todavía puede reírse con sus ojos. Y si por alguna razón sus ojos ya no chispean, aún puede sonreír con el corazón.

Cómo reírse de la vida

El más que probado método que siempre he utilizado para aliviar cualquier situación es... ¡reírme de ella! Por fortuna, tengo muchos espíritus afines por ahí que me cuentan sus simpáticas experiencias, incluyendo cómicos relatos sobre sus problemas de salud.

Uno de mis favoritos trata de una hija preocupada porque hacía años que su madre no se había hecho una prueba citológica vaginal. Finalmente la persuadió a que le permitiera hacerle una cita para un examen con su propio médico.

—Puedes quedarte esa noche conmigo y por la mañana te llevaré a la oficina del doctor —le dijo a su madre—. Después iremos a almorzar.

La madre accedió con desgano y se pasó la noche en el apartamento de su hija. Al otro día fueron juntas a la oficina del médico; mientras la hija esperaba en la sala, la madre se desvistió nerviosa, se subió a la mesa, y, con la ayuda de la enfermera, pasó sus talones por los estribos.

El médico entró, la saludó con cortesía y después se sentó.

—Bueno, ¡a la verdad hoy sí andamos de LUJO! —exclamó al levantar la sábana sobre las rodillas alzadas de la anciana.

Petrificada, no tenía idea de qué quiso decir el médico. Cuando terminó la prueba, se vistió con premura y salió disparada a encontrarse con su hija en la sala de espera. Asustada, le repitió lo que dijo el médico.

—¿Qué diantres crees que quiso decir con eso? —le preguntó la madre, confundida.

—Mami, no sé. ¿Qué hiciste para prepararte para el examen?

—Bueno, me bañé y usé el desodorante femenino que estaba en tu baño —respondió la madre.

Hubo una breve pausa mientras la mujer miraba fijamente a su madre.

—Mami, yo no *TENGO* ningún desodorante femenino.

—Claron que sí... esa lata alta rosada y dorada.

—¡Mami! Eso no es desodorante. ¡Eso es *aerosol de brillo dorado para el cabello*!

Esa encantadora anciana sin duda le alegró el día al médico, ¿verdad? Por supuesto, no era lo que se proponía... ¡pero eso es lo que hace tan cómico el relato!

Algunas personas esparcen gozo por doquier, ¡quiéranlo o no! Mientras algunos de nosotros tenemos que esforzarnos para mantener una sonrisa en nuestros corazones, otros jamás están contentos, a menos que anden quejándose por algo. Recibí una nota de una mujer que tenía una amiga así. Por fortuna, la mujer que me escribió percibía humor hasta en tener una amistad tan pesimista.

Escribió: Irene, mi amiga, ¡*siempre* anda quejándose! El otro día la llevé a comprar una tarjeta de felicitaciones, y buscó y buscó y buscó.

»Finalmente, dije: "Irene, ¿qué diantres andas buscando?"

»"Busco una tarjeta que diga: 'Tuve lo que tienes, ¡pero PEOR!', replicó"».

Esta es la misma ingeniosa mujer que me dijo que su horóscopo predijo una mañana que iba a tener una aventura en la que había agua. Entonces continuó: «¡Se me cayeron los dientes postizos en el inodoro!»

«Tener nueve vidas es algo buenísimo, pero si tengo que pasar nuevamente por la menopausia, ¡olvídalo!»

Sobrevivir al cambio

A medida que envejecemos es fácil encontrar cosas de qué quejarse, pero en su lugar *reírse* es mucho más saludable. Por supuesto, algunas veces no es fácil *encontrar* esas situaciones jocosas. Unas de las cosas menos cómicas del envejecimiento es la menopausia.

Con las hormonas rabiando, las emociones oscilando salvajemente de aquí para allá, la memoria arruinada y los cuerpos emitiendo suficiente calor como para hornear el pavo del Día de Acción de Gracias, NECESITAMOS reírnos, pero en su lugar muchas veces nos ponemos a llorar.

No estoy segura de cómo un HOMBRE podría entender la menopausia, pero creo que Dave Barry se acercó bastante cuando escribió esta graciosa definición:

[El cambio] es la etapa por la que pasa la mujer cuando su cuerpo, mediante un complejo proceso biológico, siente que alcanzó la etapa de la vida en la que sus muebles son demasiados buenos como para que un bebé vomite sobre ellos. Así, el cuerpo deja de producir estrógeno, la hormona que origina ciertas características femeninas distintivas, como la ovulación y la habilidad de no ver fútbol.

Este cambio corporal se llama «menopausia», de las antiguas palabras griegas *meno* (que significa «su piel algunas veces se calienta mucho») y *pausia* (que significa «que puede derretir el plástico»).

Además, algunas mujeres tienden a ponerse muy emotivas y se irritan con facilidad por pequeñeces que jamás las molestaban, como cuando los esposos dejan un sándwich de jamón a medio comer en la cama, tal cual si el Hada de los Sándwiches de Jamón fuera a venir a recogerlo.

La manera tradicional de lidiar con la menopausia es pedirle al médico que nos recete medicamentos costosos, pero por supuesto estos pueden causar efectos secundarios dañinos... Así que cada vez más expertos de la salud recomiendan una metodología «integral» mediante la que se desarrolla una comprensión más profunda del proceso natural por el que pasa el cuerpo. Entonces, con este conocimiento recién adquirido como guía, se coloca el sándwich de jamón en el bolsillo superior del mejor traje del esposo.[3]

Un artículo en *Today's Christian Woman* [La mujer cristiana contemporánea] ofreció una opinión realmente inspiradora sobre la menopausia. Citando Eclesiastés 3.1: «Todo tiene su tiempo, y todo lo que se quiere debajo del cielo tiene su hora», dijo:

La menopausia es una temporada, no una enfermedad. No es fatal. Por cierto, que es un buen momento para apertrecharse. Así como a un duro invierno siempre le sigue la primavera y una nueva vida, la menopausia puede ser la precursora de un refrescante comienzo para el resto de la vida. Invirtamos tiempo reflexionando sobre lo que hicimos *bien* los primeros dos tercios de la vida y atrevámonos a soñar acerca de los próximos veinticinco años, más o menos.[4]

Apelar a las clasificaciones

Si eres como yo (es decir, si algunas personas te consideran *vieja* también), te desagradan esas clasificaciones que el resto del mundo quiere adjudicarnos. Hasta la que dice que ya no somos viejas, ¡sino que estamos «cronológicamente dotadas!» No importa cuán bien intencionados sean, estas denominaciones simplemente van de mal (personas viejas, de la tercera edad, «en los años dorados» y estadounidenses maduros) a peor (añejos, vejestorios, ciudadanos experimentados y gallinas viejas).

Y sé que no estoy sola cuando me ofenden que me clasifiquen así. Mi oculista, el Dr. Robb Hicks, fue lo bastante bondadoso como para contarme una anécdota que aconteció dentro de la profesión médica sobre este problema de los «sobrenombres».

Cierto día, luego de una cirugía, el Dr. Hicks se unió a otro médico en la sala de los facultativos del hospital, adonde se fueron a lavar el polvo quirúrgico de las manos, buscar rosquillas y dictar los registros médicos de los pacientes al sistema de grabación mientras los procedimientos que apenas habían concluido todavía estaban frescos en sus mentes.

El otro médico, el «Dr. Tom», había acabado de recibir una tarjeta de cumpleaños firmada por todas las enfermeras del salón de cirugía, «felicitándolo» por su sexagésimo cumpleaños. Aparentó placer por la atención, pero al regresar a la sala de los médicos con sus amigos, el Dr. Tom obviamente no estaba entusiasmado por haber alcanzado aquel hito.

Los médicos se acomodaron en sus cubículos para dictar los reportes médicos. El Dr. Hicks escuchó al Dr. Tom dictando la historia y la condición física del paciente cuya vesícula extrajo:

«Este bien alimentado *anciano* caucásico...», comenzó el Dr. Tom. Entonces se detuvo unos segundos. El Dr. Hicks escuchó un leve suspiro, y luego el Dr. Tom retrocedió la cinta y comenzó de nuevo: «Este bien desarrollado, y bien alimentado hombre caucásico *de sesenta y dos años*...»

Al igual que el Dr. Tom, no quiero que piensen que soy una anciana. En su lugar, quiero ser como las mujeres que describió otro médico, el cirujano plástico Harvey Austin, quien dijo: «¡No hay viejas! Nos han engañado. Mis pacientes [de cirugía plástica] no son vanidosas. ¡Solo quieren que aflore la niñita que llevan dentro!»[5]

Esas somos nosotras, ¿verdad? No estamos viejas. Solo somos niñas un tanto maduras. Tenemos algo adicional ahora que nos aproximamos al atardecer. Es lamentable, pero ese algo adicional muchas veces está en el peor lugar posible. Me encanta el chistecito que dice:

> Con la edad una mujer adquiere
>   sabiduría,
> madurez, seguridad propia...
> y diez libras en las caderas.[6]

Cuando recorro el país dictando conferencias, a menudo digo: «Realmente soy todo un pollo bajo esta cubierta. ¡Solo que lo cubro con grasa para que no se rasguñe!» ¡Para muchas de nosotras ese cuerpo «ideal» está en una mente de treinta años encerrada a su vez en un estuche de antigüedades! Como dice Ashleigh Brilliant:

> Dentro de cada persona mayor,
> hay una persona joven,
> preguntando qué pasó.
>
>   Ashleigh Brilliant
>   Pot-shot [Disparo] 1390, © 1978

No importa cuán inadecuado sea el ajuste entre nuestras jóvenes mentes y nuestros envejecientes cuerpos, podemos negarnos a ser viejas. Podemos alabar nuestra juventud, ¡sin importar cuántas décadas nos mantuvimos juveniles!

¡Solo para mujeres!

Antes de continuar, necesito hacer una petición. Si eres un hombre, ¿podrías por favor detenerte aquí? No pases la página. No deseo herir tus sentimientos. Pero verás, ¡este libro es SOLO PARA MUJERES! Así que cierra el libro y ponlo donde lo encontraste. Si eres un hombre y compraste este libro sin percatarte de la advertencia en la cubierta que dice ¡SOLO PARA MUJERES! (con letras brillantes) y no tienes esposa, madre, hermana o amiga a quien dárselo, tienes mi permiso para devolver este libro a la tienda donde lo compraste. Solo muéstrale al vendedor el recibo, entrega el libro, y di: «Bárbara dice en la página————que se supone que no debo leer este libro, por favor, ¿podría devolverme el dinero?»

Si no quiere devolvértelo, intenta lloriquear. Eso casi siempre da resultados.

No es que haya grandes secretos escondidos en estas páginas. Y a excepción del capítulo que bromea con los hombres, en mi acostumbrada *forma bondadosa y educativa*, aquí no hay nada controversial, no hay traiciones ni se ofende el orgullo. Es que, bueno, me gustaría hablar acerca de cosas de *mujeres* en este libro. De ahí que precisamente en el título pusimos la palabra estrógeno. ¡A nosotras NO nos interesan los problemas de la testosterona!

En verdad, hace muchos años que quería escribir este libro, ¡pero jamás me sentí lo bastante vieja! Mis libros anteriores han estado dirigidos a padres dolidos que sufrieron alguna pérdida por una muerte o una relación quebrantada. Esos libros contienen muchas experiencias que me contaron familias que son parte de Ministerios Espátula, la organización que Bill y yo comenzamos muchos años atrás. La meta de Espátula es despegar con una espátula de amor a los padres que están incrustados contra el techo y encaminarlos hacia la recuperación.

Al escribir esos otros libros, siempre sentí que tenía que hablar de mis «credenciales», mis experiencias dolorosas. Pero mientras lo hacía, en lo profundo de mi ser pensaba: *¡Ah, qué bueno sería escribir un libro solo para divertirme, sin tener que incluir mis credenciales!*

Finalmente, me percaté de que si deseaba escribir esa clase de libro era mejor que lo hiciera ahora, ¡mientras todavía podía recordar lo que quería decir! Así que aquí está, un libro de bufonadas que bromea sobre ese estado en el que muchas estamos ahora: agotadas por los golpes de la vida, descendiendo a tumbos por ese inevitable camino que nos lleva al hogar de los desorientados, en lucha contra los cincuenta o soportando nuestros sesenta, pero aun así buscando esas pequeñas salpicaduras de gozo que iluminan nuestro sendero como fugaces diamantes.

Si eres una de las cuarenta y tres millones de mujeres estadounidenses que se estima están «en la perimenopausia (término que designa la fase de transición entre los períodos regulares y no tener período alguno), en la menopausia o la posmenopausia»,[7] este libro es para ti. Estamos ya o nos acercamos a esa etapa que describiera caprichosamente la difunta Margaret Mead como la ¡«EPM: entusiasmo posmenopaúsico»![8] Realmente, ¡prefiero verlo como un tiempo maduro para el ENLOQUECIMIENTO posmenopáusico!

Considera este libro como un manual de «recetas» para el EPM. Aquí no encontrarás historias tristes, ni relatos angustiosos de quebrantamiento. Este libro es un simple diario de gozo. Algunas veces es razonable; otras no. Mi meta no es ayudarte a perder veinte libras, controlar tus furiosas hormonas ni descubrir el mejor estilo de peinado para tu debut funerario; en vez de eso, simplemente deseo contarte algunos estallidos de gozo. Y aquí tampoco hablo sobre simples risitas sin sentido. Hablo de la clase de humor al que se refiere mi amiga Marilyn Meberg, humor que nos libera «de la esclavitud de nuestras circunstancias y de nosotras mismas para que la capacidad inherente de reír, que vive en todas nosotras, salga a la superficie y nos sostenega en medio de todos esos momentos que producen tensión y quebrantan el espíritu».⁹

Como siento la necesidad de recordarte que ofrezco este aliento despreocupado tras toda una vida de experiencias «que producen tensión y quebrantan el espíritu», espero que me permitas disparar unas cuantas palabras descorazonadoras en código, quizás ¡DINA-ANGINA! Entonces puedes detenerte a recordar mis credenciales y de nuevo volveremos a nuestras tonterías.

Parte de la chifladura que planifico contarte ha salido de un relato incluido en un libro anterior, *Mamá, ¡busca el martillo! ¡Hay una mosca en la cabeza de papá!* [Editorial Betania, p. 24]. El relato, de una revista no identificada, describe a una modesta mujer que trata de comprar una caja de Tampax en un supermercado. Como suceden las cosas, ella recoge una caja sin el precio marcado y, por el sistema de amplificación que se escucha en toda la tienda, la cajera pide al encargado de la estantería que busque el precio. El empleado la malinterpreta y piensa que la cajera se refiere a *thumbtacks.* * *Pregunta entonces, utilizando otra vez el sistema de amplificación: «¿Quiere del tipo que se inserta con el pulgar o del que se mete dando golpes con un martillo?»*

Me encanta la historia, pero temía incluirla en mi libro. Después de todo, ¡este no es un tema que uno espera encontrar en un libro para padres dolidos, escrito por una mujer posmenopáusica! Temía que la impresión podría ser muy dura para algunas personas.

Pero sucedió precisamente lo contrario. De todas las historias en los libros que he escrito, ese relato del tampón es uno de los favoritos, uno los que más a menudo mencionan los lectores cuando imparto conferencias. Lo he escuchado un sinfín de veces: «¡Me *encantó* ese relato acerca del Tampax! ¡Lloré de tanto reírme!»

* N. del T.: Esta palabra significa tachuelas en inglés.

Y entonces las mujeres dicen: «¿Has oído...?»

De ahí surge la próxima ronda de cuentos «femeninos», bromas, chistes y relatos verdaderos que solo las mujeres podrían contarse entre sí.

Por ejemplo, en una reunión mencioné el relato del tampón; después añadí que esa clase de cosa jamás me sucedería ahora, pues «vivía en algún punto entre el estrógeno y la muerte, o para decirlo de otra manera, ¡entre el *Danubio Azul* y el *Mar Muerto*!» Luego una mujer se acercó y me dijo: «Bárbara, ¡vivimos *en algún punto entre los sostenes de entrenamiento y las calzas de soporte!*»

Pero luego otra mujer remachó: «Barbarita, seamos realistas», dijo. «Vivimos *¡más o menos entre las toallas sanitarias y los pañales!*

Entonces, casi en el mismo tono, otra persona me enseñó una tarjeta de felicitaciones con sugerencias sobre qué hacer con un diafragma que ya no se necesitaba. Una de las sugerencias era usarlo como «¡sombrilla para la cabeza de un gato!»[10]

Charla de muchachas

Esa es la clase de necedad que encontrarás en este libro. Creo que concordarás en que no se trata de relatos y chistes llenos de *picardía*. No encontrarás lenguaje grosero en estas páginas. Sin duda no hay aquí nada de inmoralidad. Las cosas que deseo contarte son, bueno, personales. Charla de muchachas. Bromas y anécdotas de mujeres sobre mujeres que son demasiado buenas como para no contarlas.

Cuando organizábamos el material de este libro, probé unas cuantas de las bromas con las personas de la Editorial Word. Les pregunté: «¿Podría poner esto en el libro?»

Supongo que entonces circularon un memorándum por las oficinas de la compañía: «Bárbara Johnson quiere saber si podemos hablar sobre tampones y pañales para adultos en su próximo libro.

A continuación pregunté: «¿Podría este libro ser solo para mujeres?»

Ya les había ocasionado a esas buenas personas más dolores de cabeza de los que se merecen. Pareciera que lanzo alguna petición ridícula cada vez que acordamos el plan de un nuevo libro; y alguien en alguna parte dentro de la organización, casi siempre el que tiene más sentido común y la mayor experiencia, dice: «Bueno, ¡*eso no* podemos hacerlo!»

Pero, como dije antes, me he percatado de que el lloriqueo obra maravillas. En fin de cuentas, siempre tienen la bondad (y el valor) de hacer las cosas a mi manera. Así que en esta ocasión, cuando pregunté si podíamos incluir la rectificación en la portada, simplemente elevaron los ojos, oraron y esperaron lo mejor. Y aquí tienes el resultado en las manos. ¡Espero que te diviertas tanto como me divertí yo al coleccionar todas estas pequeñas joyas de gozo y engarzarlas para ti!

Ya sé por qué a la gente le salen canas.
¡Es porque se preocupan pensando en
que se le caerán los dientes!

Algunas mujeres luchan contra la vejez hasta el día en que mueren. Lady Nancy Astor dijo: «Me niego a admitir que tengo más de cincuenta y dos años, aunque eso signifique que mis hijos sean ilegítimos».[11]

Al cumplir la petición de una amiga de que esparciera las cenizas de su esposo desde un pequeño avión, el Rvdo. Robert Fulghum se las llevó obedientemente y las lanzó desde la puerta abierta del pequeño aparato solo para que entraran de nuevo disparadas hacia adentro, «llenando la cabina con el polvo residual de Harry, el difunto esposo, y cubriendo a la viuda, al piloto y a mí», escribió en su libro *Uh Oh*. «Regresamos en silencio al aeropuerto... Ahora puedo añadir un párrafo con consejos prácticos al *Manual del ministro*: "Si las cenizas del difunto entran de nuevo a la cabina, regrese al aeropuerto, pídale al conserje de ese lugar una aspiradora prestada y aspire al difunto del avión. NOTA: ¡Es *muy* importante que primero le ponga una bolsa limpia a la aspiradora!»[12]

Una buena manera de vivir es que a uno lo maten de risa.

Saltar de gozo es un buen ejercicio.[13]

Señales de que estás envejeciendo:
Marcar la larga distancia te agota.
Conoces todas las respuestas,
¡pero nadie te hace las preguntas!

Sabes que es hora de tirar la toalla
cuando te caerías hecho pedazos,
¡si no te aferras a la agarradera![14]

Las lápidas de muchas personas deberían decir:
«Se murió a los treinta y lo sepultaron a los sesenta».

Nicholas Murray Butler

Hay tres etapas de la vida: juventud, madurez y
«Oye, ¡te ves muy bien!»

Presidente Dwight Eisenhower[15]

Los que aman profundamente no envejecen;
podrían morir de viejos, pero mueren jóvenes.

Sir Arthur Wing Pinero
Dramaturgo inglés

¿Envejecer elegantemente? ¡Creo que no! En su
lugar, envejece con fiereza. Agarra cualquier cosa
valiosa a tu alcance. Abarca. Cuestiona. Da. Man-
tendrás el rostro. Ni todos los cirujanos plásticos del
mundo podrían jamás producir un semblante así.[16]

Sabes que estás envejeciendo cuando...
¡La «hora de la diversión» es una siesta!

¡Las personas que necesitan envejecer
son mucho más afortunadas
que las que quieren rejuvenecer!

Ashleigh Brilliant
Disparo 2927, © 1983

Una anciana endeble, jorobada y usando un bastón, entró cojeando a la oficina del médico. Cinco minutos después salió caminando derecha y sin cojear.

Un tipo en la sala de espera preguntó: «Oiga, ¿qué le hizo el médico? Usted se ve muy bien.

La dama replicó: «Me dio un bastón más largo».

Algo escuchado en un salón de belleza: «La conocí hace cuarenta años y se veía tal y como se ve hoy: ¡VIEJA!»

¡Paren la conspiración!

¿Te has dado cuenta de que cuando uno está en el tope todo parece estar *cuesta arriba*?

Las escaleras son más inclinadas. Los comestibles más pesados. Y *todo* es más distante. Ayer llegué a la esquina y me quedé pasmada al descubrir cuán larga se puso la calle.

Y eso no es todo. Ahora las personas son menos consideradas, sobre todo las jóvenes. Hablan siempre en susurros y si uno les pide que hablen más fuerte, solo repiten lo mismo para ellas, balbuceando interminablemente el mismo mensaje silencioso hasta que se ponen coloradas y se cansan. Qué se han creído, ¿que leo los labios?

Y manejan tan rápido que se arriesga la vida o una parte del cuerpo si uno se coloca frente a ellas en la autopista. Lo único que puedo decir es que sus frenos deben gastarse muy rápidamente, por la manera en que las veo chillar las llantas y desviarse a través de mi espejo retrovisor.

En estos días hasta los fabricantes de ropa son menos civilizados. ¿Por qué habrían de comenzar a marcar los vestidos de talla 6 como 12? ¿Acaso piensan que nadie se da cuenta de que estas cosas ya no ajustan alrededor de la cintura, las caderas, los muslos y el vientre?

Las personas que fabrican pesas de baño también andan haciendo la misma travesura, pero al revés. ¿Acaso piensan que realmente me *creo* el número que veo en la escala? ¡Ja, ja! *¡Jamás* me permitiría pesar tanto!

Bueno, ¿a quién creen que engañan? Me gustaría llamar a alguna autoridad para informar lo que sucede, pero la compañía telefónica se unió a la conspiración. ¡Imprimen directorios telefónicos con una letra tan pequeña que nadie podría encontrar un número!

Solo puedo hacer esta advertencia: ¡Están atacando a la madurez! A menos que algo drástico suceda, muy pronto *todo el mundo* tendrá que sufrir estas espantosas indignidades.

Un abogado cuestiona a un posible miembro del jurado en un tribunal:
P: ¿Ha vivido en este pueblo toda su vida?
R: ¡Todavía no!

Una vez que pase de los cuarenta, su «gran oportunidad» quizás sea romperse un hueso.[17]

La belleza solo está a flor de piel...
pero afortunadamente, tengo una piel muy profunda.
Ashleigh Brilliant
Disparo 4614, © 1988

Cuanto está lejos el oriente del occidente, hizo alejar de nosotros nuestras rebeliones (Salmo 103.12).

Muy bien, si Dios simplemente nos quitara las canas y las arrugas, ¡estaríamos muy bien!

Nancy L. Jackshaw[18]

Si puedes leer estas palabras sin una lupa, ¡no debes andar leyendo este libro! Obviamente eres demasiado joven y, de todas maneras, ¡quizás no entiendas el chiste! ¡Ve y cómprate una revista de caricaturas y regresa en treinta años!

¿Cuál es la diferencia entre un terrorista y una mujer con menopausia?

¡Con el terrorista se puede negociar!

Señor, líbranos de la guerra, de la contaminación y de la celulitis.

© 1989 Remarkable Things,
Long Beach, California

Pegatina de parachoques:
TANTO TRABAJO...
y tan pocas mujeres para hacerlo.

No en balde me siento tan cansada...
¡Estoy más vieja que antes!

Ashleigh Brilliant
Disparo 358, © 1972

Anuncio en un departamento de servicios al consumidor:
Suponga que le devolvemos su dinero,
le enviamos otro sin recargo,
cerramos la tienda y mandamos a matar al gerente.
¡¿ESO sería satisfactorio?!

Aventuras de la vida real por Gary Wise y Lance Aldrich

La primera vez que le ofrecieron descuento para los de la tercera edad.

En cuanto a la pasada manera de vivir, despojaos del viejo hombre ... y renovaos en el espíritu de vuestra mente, y vestíos del nuevo hombre, creado según Dios en la justicia y santidad de la verdad (Efesios 4.22-24).

Fracasos en la clínica para adelgazar... y otras excusas para el volumen de la mediana edad

Tienes un corazón de oro.
¡Eso explica el porqué pesas doscientas libras!

Hace varios años, después que me hicieron una histerectomía, el médico me aseguró que eso de que las mujeres engordan automáticamente después de la menopausia era un simple mito. «No hay razón para que debas engordar si llevas una dieta razonable y te ejercitas lo suficiente», dijo. El problema es... ¡que jamás me ha parecido muy divertido comer razonablemente!

Durante casi un año después de la cirugía fui engordando casi una libra o libra y media al mes. Mi amiga Etel también experimentaba el mismo concepto «mitológico» del médico. Así que decidimos que no íbamos a reducir de peso

por cuenta propia. En su lugar, acordamos gastar desmedi-
damente e ingresar en una clínica para adelgazar localizada
a unos ochenta kilómetros al norte de Los Ángeles, en el
desierto. Las amistades nos advirtieron que no comeríamos
mucho en ese lugar, así que paramos en un sitio del camino
que servía pollo frito para reforzarnos con una buena harta-
da. También llevamos galletas y meriendas en nuestro equipaje y lo colamos todo en el cuarto de la clínica de salud.

Sin duda, nuestras amistades tenían razón. La comida
no solo escaseaba; ¡era prácticamente microscópica! Sin embargo, sus nombres eran agradables, como soufflé de esto y
filete de aquello. Servían mucho té aguado y elegantes cubos
de gelatina con porciones de crema batida del tamaño de una
uña. Un postre particularmente memorable se llamaba «tofú
supremo».

Nos hubiéramos muerto de hambre a no ser por el pollo
frito y las galletas que nos comimos en el cuarto aquel primer
día. Esa noche en la cena sirvieron un pequeño pedazo de
lechuga y una cucharada de yogur batido.

Al día siguiente comimos hamburguesas vegetarianas.
¿Las has probado alguna vez? En esta clínica para adelgazar
una hamburguesa vegetariana consistía en dos galletas oblon-
gas y extremadamente FINAS, con algunos rastros de zana-
horias, un montón de brécol molido, y ¡algunos retoños de
frijoles molidos entre las galletas! A medida que examinába-
mos esta lamentable excusa que llamaban almuerzo, Etel y
yo nos divertíamos preguntándonos cómo llamarían tal mezcla en McDonald's de añadirla a su menú. Creo que la llamarían McRetoño o McBrécol. Etel optó por McMiligramo Sa-
broso.

Pero con solo pensar en McDonald's cuando nuestras
barrigas estaban tan desesperadas por recibir verdadera nu-
trición (es decir, algo frito que engorda), hizo que deseára-
mos salir disparadas hacia los arcos dorados más cercanos
(que estaban al menos a media hora de viaje en auto). ¡Así
que no pudimos seguir aquel juego por mucho tiempo!

Se esperaba que todas las noches nos vistiéramos bien para la cena. De manera que así nos sentábamos, hermosas pero moribundas de hambre. Se suponía que íbamos a quedarnos cuatro días, pero el pollo frito solo duró la primera noche, y la tarde siguiente se nos acabaron las galletas y el queso. Entonces fue que decidimos escaparnos de ese lugar mientras todavía teníamos suficiente energía para manejar de vuelta a casa.

Al regresar a Los Ángeles paramos en el mismo sitio de pollos fritos. Desfalleciendo de hambre, nos asomamos tambaleantes a la ventanilla y pedimos una orden REALMENTE grande.

Cuando alguien me envió el menú que aparece a continuación, recordé esos dos largos días en la clínica para adelgazar. No sé de dónde vino, pero creo que te darás rápidamente cuenta del porqué «garantiza» que perderás peso:

LUNES
Desayuno: Té aguado
Almuerzo: Un cubito de caldo claro de carne en ½ taza
           de agua
Cena: 1 muslo de paloma
       3 onzas de jugo de ciruela
       (solo para hacer gárgaras)

MARTES
Desayuno: Migajas raspadas de tostada quemada
Almuerzo: El hoyo de una rosquilla
Cena: 2 muslos de canario

MIÉRCOLES
Desayuno: Manchas del mantel hervidas
Almuerzo: El ombligo de una naranja
Cena: Rodillas de abeja y nudillos de mosquito

JUEVES
Desayuno: Cáscara de huevo triturada

Almuerzo: ½ docena de semillas de amapola
Cena: 3 ojos de papa irlandesa (en cubos)

VIERNES
Desayuno: 2 antenas de langosta
Almuerzo: 1 aleta de pescadito de pecera tropical
Cena: Filete de muelas de cangrejos de caparazón blando

SÁBADO
Desayuno: 4 semillas picadas de banana
Almuerzo: Hígado asado de mariposa
Cena: Vértebras de aguamala

DOMINGO
Desayuno: Lengua de colibrí en escabeche
Almuerzo: Costillas de primera de renacuajo
Cena: Ensalada revuelta con pimentón
Aroma de plato vacío con flan
Nota: *Cuando se las vayan a comer, coloquen todas las comidas bajo un microscopio para que parezcan llenar más.*

Fuente desconocida

Obviamente, Etel y yo fracasamos en grande al obedecer las reglas; a su vez, ¡decidimos dejar la clínica para adelgazar y producir nosotras mismas nuestra propia grasa! Tal vez no debimos haber ido juntas, porque ninguna de las dos tenía suficiente fuerza de voluntad en cuanto a la comida como para negarse un simple bocado. Nos recordamos la una a la otra la amiga que describió Erma Bombeck al comentar sobre la ironía de ir a una clínica para adelgazar y compartir un cuarto «con la única persona que cosió el dobladillo de su chaqueta con dulces de chocolate dentro».

Desde ese entonces me he comportado muy bien en lo que al peso se refiere. Lo veo subir y bajar, arriba y abajo. Oí a alguien llamarle a esto: «¡el método del ritmo para controlar la faja!»

«Mi hamburguesa está un poco cruda por dentro. Ponla sobre el encendedor de cigarrillos un par de minutos, ¿quieres?

En realidad, *vigilo* lo que me como, hasta que me lo meto en la boca; después ya no puedo vigilarlo.

La mayoría corpulenta

Lo único bueno de ser regordeta, o estar bien rellena, como me gusta decir, es que no estoy sola. A pesar de las dietas, clínicas de pérdida de peso, salones de ejercicio y libros de sicología popular, *millones* tenemos sobrepeso. De hecho, los resultados de la encuesta más reciente del «National Health and Nutrition Examination Survey» [Encuesta nacional de evaluación de salud y nutrición] muestran por vez primera que en Estados Unidos hay más personas con sobrepeso que con peso normal».[1]

**Esta no eres tú
y no soy yo...**

**Pero mirarla nos
hace sentir mejor.**

Bueno, a todas las que viven «en la grasa», les digo, ¡*Sigan fajándose!* Podrá ser cierto que «cuando estás parada tu ombligo no debería tocarte las rodillas»,[2] pero hay maneras de disimular la flacidez. Siempre puedes aprender a alterar tu ropa para que se ajuste más cómodamente a tu cuerpo. Sin embargo, hay un problema con eso; como predijo Erma Bombeck: «Si compras un vestido para que se ajuste a tus caderas, te sobrará suficiente material en el dobladillo y las mangas como para cubrir a Brasil».[3]

Otra alternativa es el nuevo estilizador de figura (lo que acostumbrábamos a llamar fajas y corsé). Y mira esto: Además de apretar los muslos, el trasero y el torso dentro de ropa interior dolorosamente estrecha, dos tamaños menores al tuyo, ahora puedes ponerte una faja para controlar los brazos de murciélago. Alguien me envió un recorte de periódico que la describía como «una banda de licra que uno se pone en el brazo y lo hace lucir firme bajo todos esos vestidos y blusas pegadas».[4]

Totalmente distraída

No parece justo, ¿cierto? Cuando llegamos a esta edad hemos sobrevivido muchas tribulaciones, fracasado en muchas dietas. La única que más o menos pude seguir fue la Dieta del Estrés.

Desayuno
½ toronja
1 rebanada tostada de pan integral de trigo
8 onzas de leche desnatada

Almuerzo
4 onzas de pechuga de pollo asada a la parrilla
1 taza de calabacín al vapor
1 galleta de chocolate
té de yerbas

Merienda de media tarde
El resto del paquete de las galletas de chocolate
1 cuarto de galón de helado con nueces
1 frasco de jalea caliente

Cena
2 hogazas de pan de ajo
pizza grande de salchichón picante y setas
3 caramelos
quesadilla entera consumida directamente
  del congelador

Pamela Pettler[5]

Este tonto régimen me recuerda la dieta que describió Erma Bombeck, quien dijo: «En enero comencé una dieta de setecientas calorías al día. Al final del mes me había comido todas las calorías asignadas hasta el 15 de junio». A Erma le gustaba decir que en dos décadas perdió «un total de setecientas ochenta y nueve libras. Debían colgarme de un brazalete».

«Es un barquillo de helado bajo en colesterol con una bola de puré de papas polvoreada».

Vínculos alimenticios

Ya que hemos pasado la mitad de nuestras vidas, muchas podríamos tomarnos un receso, un breve descanso entre lo agotador de encauzar a nuestros niños hacia la adultez y la perspectiva de tener que ocuparnos del regreso de nuestros padres (¡o del nuestro!) a la tierra del balbuceo. Ciertamente hay otras fuentes de consuelo para nosotras: Podríamos llamar a una amiga, salir a caminar o leer nuestros pasajes favoritos de la Escritura. Pero lo más probable es que nuestra amiga tenga una nueva receta que enseñarnos y, si eres como yo, ¡tu caminata favorita es ir a la panadería! Y, aunque sin duda la Escritura es un bálsamo para mi alma, también puede ser un estimulante para mi apetito. Quizás de esa forma muchos pasajes favoritos llegan a tergiversarse, como este:

El bizcochito 23

Mi médico es mi pastor; no voy a aumentar de peso.

En pantalones atléticos verdes me hace descansar; me ordenó hacer ejercicios para el abdomen. Me especificó la meta. Me envió por senderos para caminantes de interminable extensión por causa de mi corazón.

Sí, aunque pase por la puerta de la repostería, no entraré; compraré mis rosquillas y pastelitos secretamente en algún otro lugar.

Me comeré mis bizcochitos en presencia de nadie. Festejaré con chocolates y dulces. Mi copa rebosa de helado.

Ciertamente enormes caderas y desmedidos muslos me acompañarán todos los días de mi vida, y viviré eternamente en un cuerpo de celulitis.

Ann Luna

Verás, para algunos de nosotras, todo lo que hacemos nos recuerda la comida, ¡hasta la lectura de las Escrituras! Observamos los lindos deditos de los pies de un bebé y pensamos en dulcecitos. Vemos las arrugas en la sonrisa de un anciano y pensamos en ciruelas. Nos ponemos las pantimedias sobre los muslos y pensamos en requesón. Contemplamos una majestuosa montaña cubierta de nieve y vemos helados de chocolate y malvavisco cubiertos con crema batida. Y cada vez que miramos al cielo nocturno pensamos en barras de chocolate y dulces de colores. ¡Esto no acaba jamás! No podemos siquiera mirar un semáforo en diciembre sin preguntarnos si ya llegaron los caramelos verdes y rojos.

Una fanática de la comida

Mantener mi mente alejada de la comida es un reto constante... ¡pero no soy tan mala como esos que comparan la comida con un encuentro divino! En una entrevista periodística alguien dijo: «La comida es lo más cercano a Dios porque une a todos y pone una sonrisa en cada rostro».[6]

Otro experto, el director de un centro de trastornos alimenticios, dijo: «Para muchas mujeres, amar la comida ha llegado a ser más seguro que amar a un hombre. La comida jamás falla una cita, no la critica ni la rechaza».[7] ¡No en balde, cuando en estos días pensamos en un «hombrazo apuesto» viene a nuestra mente la imagen de un refrigerador! Pero eso me recuerda un chistecito que alguien me envió. Dice:

Regla #2 de la dieta:
Jamás pese más que su refrigerador.[8]

Nos encanta comer, pero hay un lado negativo: ¡el lado trasero! Así que nos enfrascamos en una dieta, pero si la comida «es lo más cercano a Dios» y «es más seguro que amar a un hombre», cuando hacemos dieta no solo rechazamos otra ración de puré de patatas, ¡sino que destruimos toda nuestra sique!

La comida fácilmente puede llegar a ser el centro de nuestras vidas, y cuando tratamos de librarnos de su agarre, ¡algunas veces sentimos que estamos tan cerca de la muerte como quisiéramos estar a este lado de las puertas de oro del cielo!

Uno sabe que llegó la hora de hacer dieta cuando...

Ha habido momentos en mi vida cuando no me preocupé de mi peso; ¡tenía muchas otras preocupaciones que me distraían! Pero ahora que Bill y yo llegamos a nuestros años dorados hay menos distracciones y más cosas tentadoras que comer.

Hasta nos veremos pronto tentadas a comer esas cosas que jamás apetecimos porque ahora están alteradas genéticamente para que sepan a algo que *nos gusta*. Leí en alguna

¿Te encaramaste en tres pesas y ninguna registró más de 64 libras? Sin duda, tu dieta da resultados.

parte que los científicos ya desarrollaron pepinos verdes que saben a manzana. Ahora hasta se atreverían a hacer coles de Bruselas que sepan a uvas.[10] Si pudieran hacer una torta de fresas que supiera a anchoas y panecillos dulces que sepan a queso limburgués, ¡eso *sí* nos sería útil a quienes andamos perpetuamente en dieta!

En estos tiempos es raro que lleguen buenas noticias sobre mis alimentos favoritos. Pero el otro día alguien me envió maravillosas noticias acerca de los espárragos (¡y a mí me encantan los espárragos!). Decían: «El cuerpo gasta más energías digiriendo espárragos que las que aprovecha, cuatro tienen trece calorías, no tienen grasa ni muchos nutrientes». ¡*Eso* es algo que debemos festejar!

Es lamentable, pero los espárragos no son algo primordial de mi dieta. Y aunque no *creo* excederme en la comida, y a pesar de que trato de ser cuidadosa en cuanto a tomar buenas decisiones, de alguna manera, al igual que la ancianidad, las libras adicionales parecen llegar como por arte de magia. Un día somos esbeltas, la fascinante niña talla 10, y de buenas a primeras somos madres de dos niñas, la abuela de cinco, ¡y el lugar de descanso final para unas diez millones de células de grasa! Eso me recuerda una notita que hace poco me envió una amiga. Como muchas de nosotras, anda luchando constantemente con su peso. Esta amiga me dijo: «El cinturón de cuentas que hace años usaba alrededor de mis caderas ahora lo uso como collar, y mi trasero parece un paracaídas inflado». Aun así, esta encantadora mujer puede reírse ante tales retos. En la nota decía que nuestra amistad hacía que «sus células grasosas vibraran de risa».

Esta actitud despreocupada parece ser la mejor alternativa cuando resulta obvio que esas células grasosas no son transitorias, que de una manera u otra tratan de quedarse permanentemente en nuestros cuerpos. Para muchas de nosotras, ese es un momento de gran revelación, EL momento cuando sabemos que es tiempo de hacer dieta. Algunos de los otros indicadores, de acuerdo con los recortes que me han enviado algunas amigas, son:

- Nos duchamos y no nos mojamos nada debajo de la cintura.
- Vamos al pedicuro y tenemos que mirarnos en un espejo para ver de qué color nos pintaron las uñas de los dedos de los pies.
- Nos asfixiamos con solo pestañear bajo la brillante luz del sol.
- El dedo se nos queda trabado en los hoyos del dial del teléfono.

- Los operarios de las cabinas de peaje de autopistas sugieren que la próxima vez usemos el carril marcado con «CARGA PESADA».
- En días calurosos, los niños pequeños se nos arriman para ponerse a la sombra.
- Los conductores de ómnibus nos piden que nos sentemos al frente para servir como bolsas de aire para el resto de los pasajeros en caso de accidente.

Cómo perder peso sin enloquecer

Realmente, los expertos dicen que controlar el peso es bastante fácil si uno recuerda estas dos reglas iniciales para hacer dieta con éxito:

Para perder peso solo hace falta evitar dos cosas: *¡comida y bebida!*

Y...

Si sabe bueno, ¡escúpelo!

Si esas directrices son un tanto duras para ti, considera este consejo más razonable del Dr. Gabriel Cousens, médico de California y autor de *Conscious Eating* [Cómo comer conscientemente], quien sugiere que en el momento de comer se tome unos bocados con los ojos cerrados pensando en la comida que está en la boca. Concéntrate en disfrutar la comida, «en lugar de considerarla como una tarea que debe realizarse con eficiencia».

Creo que el consejo del Dr. Cousen podría ser especialmente apropiado para nosotras las mujeres maduras, porque muchas de disfrutamos ahora del lujo del tiempo para probar sus sugerencias. La mayoría ya no tenemos que comer apresuradamente; nuestros días de sujetar el volante con una mano y una hamburguesa con la otra, mientras tratábamos de controlar un ruidoso equipo de béisbol de las Ligas Menores en la parte trasera de la camioneta se acabaron (esperamos). Así que si en estos días comemos apuradas, podría ser porque es un hábito en lugar de una necesidad.

Las motivaciones ausentes

Quizás una razón por la que las mujeres tendemos a subir de peso en los años tardíos es que se nos acabó el ánimo. En años pasados, nos metíamos en drásticas dietas para nuestra gala de graduación o nuestra boda; entonces tratábamos de perder unas libras para el bautismo de nuestros niños, las reuniones de egresados de la escuela o las reuniones familiares. Pero cuando superamos todas esas etapas, desarrollamos otras prioridades; respirar, por ejemplo, o tratar de no

¿Has oído acerca del parche de estrógeno?

© 1997 Bárbara Johnson

Ahora hay algo nuevo... ¡el parche de dieta!

enloquecer mientras luchamos con padres que deberían estar en un asilo de ancianos pero no quieren irse, o manteniendo unidas a nuestras familias cuando una de nosotras enfrenta una crisis de salud.

Seguro que nos gustaría ser más delgadas, pero eso simplemente no sucede. En ese momento, tenemos dos opciones:

1. Mentir.
2. Aprender a vivir con ello.

A pesar de las enseñanzas cristianas, muchas mujeres optan por la primera alternativa. Es más, un artículo reciente en un periódico dice: «La mayoría mentimos más acerca de nuestro peso (34%) que sobre cualquier otra cosa, rebajándonos unas libritas para sentirnos mejor». Si esta es tu opción, ya de una vez niega un poco la edad que ahora tienes. De acuerdo con el mismo artículo, «¡20% de todas las mujeres estadounidenses lo hacen!»[20] De tener que confesar mi peso, simplemente digo: «¡Peso *bastantes* libras!»

¡Una mujer llega a la mediana edad cuando los únicos pellizcos que recibe provienen de su faja!

Me gusta considerar la torta de crema de banana como una fruta.

Calendario *Pat Prints*, 1993.

¡EJERCÍTATE Y HAZ DIETA PARA LUCHAR CONTRA LOS DESPERDICIOS DE LA CINTURA!

Reunión de ex compañeros de estudio

Mi reunión de egresados está cerca
   y no sé qué hacer.
Mi peso y mi mentón se duplicaron
   desde 1942.

Me miro al espejo y...
   ¡qué pena! ¿Cómo sucedió esto?
Pelo gris, dientes postizos, lentes gruesos,
   ¡lo que veo es el rostro de mi madre!

Pero salgo hacia la fiesta.
   Decido que no vale la pena
abatirme.
   (Pero por dentro me estoy muriendo.)

Entonces entro en la sala de banquetes
   y me detengo. Hay una equivocación.
No encuentro ni a un compañero de clase.
   ¿Confundí la fecha?

Aun así, los rostros me parecen familiares,
   al mirarlos fijamente...
Entonces me doy cuenta de lo que veo, ¡qué pena!
   ¡Veo a los padres de mis compañeros de clase!

Ann Luna

Un barbarismo de quien lleva dieta:
   Es un tenedor en mi lengua.
   Tómalo con una bolsa de sal.
   Que crezca un poderoso roble de estas
minúsculas semillas de mostaza de fe.

No puedes comerte los huevos y la gallina también.

Quien tiene tejado de vidrio no debe tirar piedras al vecino.

¡Sigue sonriendo!
A la exquisita ciruela se le olvidó hacerlo
y se convirtió en una pasa arrugada.[14]

¿Acaso no sería maravilloso si hubiera un alimento que fuera delicioso, «completamente natural», nutritivo, sin grasa ni colesterol y que promueva la buena salud?

¡Lo hay! Lo encontrará descrito en Gálatas 5.22-23, el «fruto del Espíritu». Este fruto es saludable y benéfico, ¡y hasta es mejor cuando se comparte![15]

La mediana edad es cuando eliges el
    cereal por la fibra y no por el juguete.

He llegado a la edad cuando cada vez se me hace más difícil considerar mi cuerpo como un templo. (¡Se asemeja más a un proyecto de construcción descontrolado!)

Si hubiera una fuente de la juventud,
    casi seguro que tendría cafeína.[16]

La belleza está a flor de piel,
pero la tontería llega hasta el fondo.[17]

Nadie está solitario cuando come espaguetis.
¡Requiere demasiada atención!

No estoy gorda...
¡Estoy calóricamente dotada!

Todos los días del afligido son difíciles; mas el de corazón contento tiene un banquete continuo (Proverbios 15.15).

Un hecho de la vejez:
Lo que pierdes en elasticidad
lo ganas en sabiduría

No es que esté en contra del ejercicio.
Es que cuando miro mi cuerpo,
¡creo que ya lo han castigado bastante!

Hasta hace pocos años, ¡lo que más me gustaba ejercitar era mi derecho al voto! La única vez que mi corazón latía aceleradamente, como cuando uno se ejercita, era mientras esperaba nerviosa en la línea de la caja contadora, preguntándome si tenía suficiente dinero para pagar los comestibles que apilaba en el carrito para Bill y nuestros cuatro perpetuamente hambrientos hijos. Mi concepto del ejercicio *arduo* era, como alguien dijera, llenar la bañera, quitarle el tapón, ¡y luchar contra la corriente!

No es que ande sentada embelleciendo mi colección de polvo ni comiendo bombones. A medida que los años han pasado, Bill y yo nos hemos mantenido ocupados viajando para dictar conferencias y dirigiendo los Ministerios Espátula. Acostumbrábamos experimentar los ejercicios de levantamiento de pesas llevándole enormes bolsas de alimento para gatos a una dama vecina nuestra, de noventa años de edad, que tenía treinta y cinco gatos y ya no podía ir al mercado.

En verdad, creí que estábamos en buena forma. No, no se nos iba a pedir que posáramos como modelos para algún gimnasio, ni encontrarás mi foto en ese nuevo calendario que

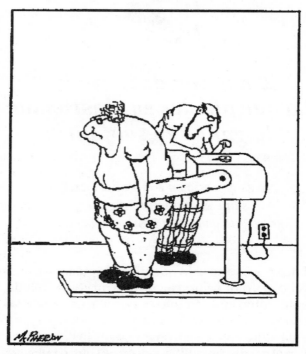

¿Quieres que lo ponga en la velocidad baja, mediana, alta o en la potencia industrial?

presenta modelos hermosas que han vivido al menos medio siglo, pero nos las arreglamos para satisfacer la definición de aptitud física de la Organización Mundial de la Salud: Fuimos «capaces de enfrentar los retos de la vida diaria».[1] Esa actitud cambió cuando hace años me diagnosticaron diabetes de adulto. En ese momento, el ejercicio, el *verdadero* ejercicio, de súbito adquirió nueva importancia. El médico me dijo que el ejercicio era absolutamente esencial si planificaba conservar mi integridad física.

De una u otra forma, no podía imaginar mi cuerpo de sesenta años escurriéndose dentro de uno de esos esbeltos leotardos para salir corriendo hacia el gimnasio. Tenía que haber alguna otra manera. Al final se me ocurrió lo que, al menos a mí, me parecía una solución perfecta.

Cuando estamos en la casa, el teléfono y la correspondencia son las cosas que consumen la mayoría de mi tiempo. La correspondencia del Ministerio Espátula la recibimos en enormes bultos rectangulares que recogemos en el correo. (He decidido que nuestra dirección postal debía ser un número de CASONA, en vez de un número de casilla, porque CASILLA no describe bien la inmensidad del bulto de correspondencia que recibimos.)

Debido a que es mucho más rápido, me esfuerzo por responder tantas cartas como pueda con una llamada telefónica en lugar de una carta. ¡Eso implica muchas llamadas telefónicas! Pero mientras estoy en el teléfono, también estoy en la bicicleta de ejercicios. (Así que si algún día me llama y sueno un poco falta de aliento, *no* es porque me haya quedado exhausta marcando todos esos números de larga distancia, como un bromista dijera de los de la tercera edad.)

Bill puso mi bicicleta de ejercicios en mi Cuarto de Gozo, algo que añadimos a nuestra casa rodante y que está lleno de placas graciosas, fotografías, juguetes, equipos, muñecas y toda clase de cosas cómicas que la gente me ha enviado a través de los años.[2] Al pedalear en la bicicleta disfruto en el Cuarto de Gozo de todas esas cosas tontas mientras hablo por teléfono.

También cuando pedaleo la bicicleta recorro todo el país, realizando viajes imaginarios por un enorme mapa a colores de EE. UU. que Bill colocó en una pared del Cuarto de Gozo, frente a la bicicleta de hacer ejercicios. A medida que pedaleo, coloco una tachuela de colores en el mapa cada cuarenta kilómetros más o menos, a fin de llevar la cuenta de cuantos kilómetros he acumulado. ¡Ver esas tachuelas marchar a través del mapa me mantiene motivada! Ya hace un par de años que comencé esta rutina, saliendo de nuestro hogar en California sin abandonar mi Cuarto de Gozo. Trato de pedalear unos dieciséis a veinticuatro kilómetros cada día que estoy en casa, así que para cuando lea esto, ¡debo andar cerca de Filadelfia!

Sin embargo, seguir una ruta a través del país no es lo único que hago para mantenerme motivada. En una mesa contigua a la bicicleta de hacer ejercicios mantengo una lista de amistades de Espátula para que, al acercarme a una ciudad, pueda ver quién vive allí. Entonces oró pidiéndole a Dios que ese día se acerque de forma especial a esa persona, que la arrope con su gigantesca sábana de consuelo y amor, y le permita sentir su presencia ese día.

Mi meta es cubrir los cincuenta estados de esa manera. (Me podrá tomar bastante tiempo pedalear hasta Alaska y Hawaii, ¡pero estoy decidida!) A medida que miro la ruta en el mapa y busco la lista de direcciones para ver quién vive a lo largo del camino, también le presto atención a los reportes del clima. Si hay frío, me pongo orejeras de invierno, simplemente para estar a tono con la situación; cuando cruzo el desierto podría tomar té helado mientras pedaleo.

Este método me da resultados. A medida que fortalezco mi corazón y mis pulmones también fortalezco mi vida espiritual, sazonando mis conversaciones con Dios, orando por amistades específicas (¡es posible que una de ellas seas tú!).

Haz algo divertido

Por supuesto, mi sistema no le resulta a todas las personas y no sigo la misma rutina todos los días. Algunas veces me

**CUANDO UNO ENVEJECE EL EJERCICIO
ES MUY IMPORTANTE... MI ABUELA COMENZÓ
A CAMINAR CASI 6,5 KILÓMETROS
DIARIOS AL CUMPLIR LOS 60...**

**¡AHORA TIENE 97 Y NO SABEMOS
DÓNDE CARAMBA ESTÁ!**

monto en una bicicleta *real*; Bill y yo hasta tenemos una
bicicleta doble que pedaleamos por el vecindario. (El problema con esto es que Bill se monta al frente y en verdad no sabe
qué está pasando detrás, ¡así que me veo tentada a relajarme
y disfrutar del paseo sin esforzarme mucho!)

Como muchos sabrán, vivimos en un vecindario de casas
móviles en donde hay muchas personas retiradas (algunos
estamos más retirados que otros). Un día, mientras andaba
pedaleando mi bicicleta de diez cambios por el vecindario,
me paré para dejar pasar a una anciana canosa que deseaba
cruzar el sendero para bicicletas. A medida que se tambaleaba

de lado a lado frente a mí, sonrió y dijo: «Oye, querida, ¡sin duda es bueno ver a alguien con pelo oscuro por aquí!»

Por supuesto, ella no sabía que mi pelo se llamaba «la capa convertible». ¡Nadie excepto mi peluquero y Dios sabe qué hay ahí abajo! Pero el comentario de la anciana me animó el espíritu y me hizo sentir mucho más joven de lo que soy. Esa es una ventaja de ejercitarse en el vecindario; podría encontrarme con alguien que ofrece un amistoso saludo o una palabra de aliento.

Así que, ahora, de la misma manera que el comentario de esa querida damita me animó a continuar, te animo a que te ejercites para que puedas disfrutar de estos años tardíos en la vida. Los expertos dicen que el ejercicio tiene beneficios que no son únicamente físicos; no solo nos ayudan a controlar el peso y mantener buena circulación, también añade a nuestro bienestar la ayuda para luchar contra el estrés, a tener esperanza y mantener una disposición juvenil.

El Dr. James Rippe, autor de *Fit Over Forty* [Cómo estar en forma después de los cuarenta], dice: «Es difícil encontrar una mejor receta para mantenerse físicamente activo y optimista». Según él, permanecer activos mejora nuestras posibilidades para una vida más saludable y agradable.[3]

Quizás te sorprendas al descubrir con cuánta facilidad puedes incorporar ejercicios moderados en tu rutina diaria. Si no eres capaz de imaginarte pedaleando una bicicleta de ejercicios, considera ejercitarte con una de esas enormes cuerdas elásticas mientras hablas por teléfono. Puedes encontrarlas en la mayoría de las tiendas de equipos deportivos, y por lo general un paquete de tres cuesta menos de diez dólares. Simplemente coloca una sección de la cuerda alrededor del pie y sostén el lazo en la mano. ¡Así puedes ejercitar los músculos del brazo o el pie mientras trabajas con el mentón! (Simplemente asegúrate de quitártela antes de intentar levantarte para que no salgas disparada por la casa como si te hubieran lanzado con una honda!)

Hasta lavar las ventanas o encerar el auto es un buen ejercicio, si disfrutas de ese tipo de cosas. Si no te quedas mucho tiempo en las mesas de ventas, ir de compras también podría ser algo beneficioso. Y, por supuesto, bailar es otra manera que usan los de la tercera edad para ejercitarse. A través de todo el país, muchos bailarines canosos sacan provecho de clases en lugares especializados.

Una de las maneras más eficaces, aunque sencillas, de ejercitarse es caminar. Los expertos dicen que esta (y otras formas de ejercicio) son especialmente efectivas después de la cena. Al ejercitarte después de la cena, dicen ellos, no solo quemas más calorías, sino que sales de la casa, donde te verías tentada a acomodarte en el sofá y a continuar comiendo mientras miras la televisión.

¡Conoce el enemigo!

Hay un pequeño chiste que dice:

> Con los años he aprendido quién es mi amigo y quién NO lo es.
> ¡La fuerza de la GRAVEDAD NO es mi amiga!

Bueno, para la mayoría, ¡ese sofá también es enemigo mío! Una revista del Baylor College de Medicina, en Houston, dice: «La parte más cansona del ejercicio es el argumento mental que acontece cuando tratas de convencerte que debes levantarte del sofá... ¡y simplemente *lo haces*!»[4] Recuerda: «Toda la gloria proviene de atreverse a comenzar».[5]

Pero, ¿*cuándo* empezar? Esa es la cuestión. Me encanta la respuesta del columnista Dave Barry a esa pregunta tan confusa: «Ciertamente, hoy no. ¡Ya hicimos bastante por hoy! Mañana lo eliminaríamos, ya que está muy cerca del hoy. Uno se apura a hacer estas cosas y de pronto termina con algún músculo lastimado o algo parecido. Así que diría que el mejor momento para comenzar sería inmediatamente después de la Pascua, aunque no la próxima».[6]

Barry también señala otra ventaja del ejercicio que posiblemente desconozcas: ¡La creciente intimidad con el DOLOR!

Las personas que se ejercitan con regularidad están preparadas para... el dolor. Vamos a tomar como ejemplo a los que trotan. Uno los ve esforzándose, odiando cada minuto de la actividad y uno piensa, «¿para qué?» Sin embargo, de aquí a unos cuantos años, cuando estén peleando para ajustarse a los dolores del proceso de envejecimiento, los trotadores, que andan veinte años agonizando, podrán realizar la transición con facilidad, a menos que ya se hayan muerto.[7]

Muy bien. Ya basta de tonterías. Volvamos al reto que tenemos por delante: Descubrir alguna manera de ejercitarnos que nos dé resultados. Recuerda, ni siquiera tienen que estar presentes actividades tradicionalmente consideradas como ejercicios. Por ejemplo, en un artículo leí que se decía que hasta la *intranquilidad* podría ejercer una función en el proceso de reducción de peso. Son magníficas noticias para esos inquietos que no pueden sentarse tranquilos ni un minuto sin levantarse a regar una planta, enderezar un cuadro o ajustar las ventanas.

¡Apuesto a que jamás te percataste de que estabas mejorando tu condición física cuando andabas inquieta! Pero eso es posible. El artículo decía que los investigadores de los institutos nacionales de salud estimaron que «las personas que se paseaban por un cuarto, que movían a menudo los brazos y las piernas, o cambiaban de posición cuando estaban sentadas quemaban diariamente de ciento treinta y ocho a seiscientas ochenta y cinco calorías adicionales».[8]

Hay una novedosa idea que podría ser más atractiva que andar inquieta. Se llama «rodar sobre la barriga» y, aunque todavía no la he probado, *suena* como algo que sin duda me haría reír, ya sea que resulte o no como ayuda para mejorar la condición física.

El dispositivo es una GIGANTESCA pelota dura de casi un metro de diámetro que se supone sea de gran ayuda para

DENTRO DE MÍ HAY UNA MUJER FLACA TRATANDO DE SALIR...

¡PERO GENERALMENTE PUEDO TRANQUILIZARLA CON 4 Ó 5 PASTELITOS!

«los que no se han ejercitado por mucho tiempo o tienen problemas en la espalda». De acuerdo con un reporte, se usa para aumentar la flexibilidad y la fuerza, sobre todo de personas en sus cuarenta y cincuenta. Una manera de usarla es «cubrir la bola bocabajo, con los brazos a los lados, las rodillas dobladas, los dedos de los pies tocando el suelo y la bola colocada directamente debajo del vientre. Quédate así treinta segundos o más, dejando que se estiren y se relajen espaldas y hombros. Exhala el aire y levanta la cabeza y el pecho poco a poco hasta que se separen por completo de la pelota, aguantando dos a tres segundos».

Con solo verme adherida a esa gigantesca pelota playera me causa risa. Es tan fácil imaginarse todo tipo de situaciones cómicas, como que la bola siga rodando conmigo sobre ella, con los brazos y las piernas volando en todas direcciones, ¡y abriendo una ancha trocha a través de nuestro vecindario de casas móviles! ¡ESO sí que le daría algo de que hablar a los viejos que juegan tejo!

Cumpleaños ardiente

Algunas veces no importa cuánto nos esforcemos por mantenernos en forma, los cumpleaños dejan su huella en nosotras. En otras ocasiones, los cumpleaños mismos pueden ser desastrosos, como lo describe esta carta boba:

Querida Ester:

Siento mucho que no hayas podido asistir a mi reciente fiesta de cumpleaños. Al parecer, fue un gran acontecimiento aunque no recuerdo gran parte de lo ocurrido.

Me dicen que los problemas comenzaron cuando aspiré para apagar las ochenta y cuatro velas que alguien prendió sobre mi cake de cumpleaños. Cegada por la deslumbrante llama y desorientada por el inmisericorde calor, me olvidé del porqué estaba aguantando la respiración y quedé inconsciente durante un tiempo.

Por fortuna, mi hija y su familia decidieron celebrar la fiesta al lado de su piscina, así que en lugar de romperme la cadera en una desastrosa caída sobre el piso de la cocina, me caí de espaldas en la piscina. El agua estaba tan fría que me desperté inmediatamente del desmayo, gritando con todas mis fuerzas, por lo que se me perdieron los dientes postizos en el área más profunda de la piscina.

Sin titubeo alguno, mi sobrino Joey se lanzó y nadó hasta el fondo para sacar mis dientes, pero cuando trató de subir se enredó por accidente en la ondulante tela de mi traje, estilo tienda de campaña, y juntos pateamos, aleteamos, chillamos y ondulamos hasta que al final se me despegó la peluca y salió a flote, como un fantasma, en el agua turbia.

Creyendo que uno de sus perritos se ahogaba, la vieja perra Sparky saltó, nadando con decisión hacia el desorden para rescatar la peluca.

Más o menos en ese momento mi cake de cumpleaños, con todas las siete docenas de velas ardiendo, se encendió como una centella y prendió fuego a la cubierta de papel de la mesa.

Afortunadamente, los bomberos llegaron raudos y si el camión bomba hubiera cargado agua supongo que todo habría salido bien. Pero los tanques del camión estaban vacíos, así que uno de los bomberos, con su chaqueta de goma a punto de reventar y chillando mientras corría, hundió una manguera de succión en la piscina.

Creí que sin duda nos rescataría, ya que todavía estábamos aleteando y gritando en el agua helada, pero Sparky al parecer creyó que era una especie de monstruo, quizás un ruidoso y amenazador hidrante, y de pronto empezó a ladrar con tanta fiereza que el pobre hombre abandonó la manguera y jamás regresó. Luego dijo que se preguntaba por qué la vieja perra protegía con tanto celo a esa masa ondulante de juguetes playeros inflables.

Finalmente, el bombeo disminuyó el nivel del agua en la piscina hasta que nuestros pies pudieron tocar el fondo. Pero para ese entonces todo el patio era un remolino de llamas y humo. No podía ver nada con toda la neblina y el caos, y a causa de que uno de los lentes de mis bifocales se había salido al

caerme al agua. Pero Sparky obviamente tiene agu-
da visión o un fino sentido de la memoria a pesar
de sus muchos años. Salió como un cohete dispara-
do tras el pobre bombero y le mordió un buen
pedazo del muslo antes de subirse al único árbol del
patio que no estaba quemándose.

Creo que Joey y yo nos veíamos un tanto arrui-
nados al salir a tientas de la piscina entre el caos y
el torbellino de la cortina de humo. Tratamos de
deslizarnos, sin que nos vieran, por entre la creciente muchedumbre. Sin embargo, los bomberos creyeron que iniciamos el fuego y que tratábamos de
escapar, y llamaron rápidamente a la policía, que ya
venía de camino en respuesta a otra llamada sobre
un perro enloquecido y rabioso que estaba causando un desastre en nuestra propiedad.

Traté de explicar lo sucedido, pero ya que Joey
dejó mis dientes postizos en la piscina, nadie podía
entender ni una sola palabra de lo que decía. Nos
encarcelaron a los dos y también detuvieron a Sparky
como testigo ocular.

En verdad, ya era la medianoche cuando mi hija
y su esposo finalmente vinieron a poner la fianza.
Me sorprendí cuando me dejaron en la YWCA,*
diciendo que tendría que quedarme allí por un tiempo. Me entristeció un poco pensar que no pude
celebrar mi cumpleaños.

Espero que te vaya bien. Por favor, salúdame a
todos en el asilo de ancianos. El año que viene trataré
de avisarte con tiempo para que puedas venir y comer
un poco de cake de cumpleaños, si es que han recons-
truido la casa de mi hija para ese entonces.

Gertrudis

* Young Woman's Christian Association [Asociación de Jóvenes Cristia-
nas].

Mira al espejo

Muchas estamos en esa incómoda edad cuando el Padre Tiempo comienza a acercarse a la Madre Naturaleza. Siempre podemos afirmar que la vejez es unos diez años más de lo que tenemos, pero enfrentemos la realidad: Estamos en ese momento de la vida cuando todo comienza a gastarse, caerse o ensancharse.

Algunas veces me siento tentada a adaptar una frase que veo todos los días en mi auto y a colocarla en el espejo de cuerpo entero que tengo en mi cuarto. Diría:

LAS IMÁGENES EN EL ESPEJO SON MÁS
PEQUEÑAS DE LO QUE PARECEN.

Verás que, como con muchas otras cosas, ejercitarse y estar en forma se afectan con nuestras actitudes personales. Como alguien dijera: «La actitud es el pincel de la mente. Puede colorear cualquier situación».

Cuando nos miramos en el espejo, aún podemos observar el mismo rostro terso y sin arrugas que veíamos hace unos veinte o treinta años, es decir, ¡a menos que insistamos en ponernos los lentes cuando nos miremos en el espejo! (Enfrentemos la realidad, ¡muchas tenemos una vista que se deteriora más rápido que nuestros rostros!) El asunto consiste en no ser demasiado duras con nosotras mismas. Y miremos el lado bueno. Esa es la actitud de la mujer que nos contó que cada mañana se miraba en el espejo mañana y decía: «Gracias, querido Señor, ¡porque las arrugas no DUELEN!»

Mientras más vieja mejor

Hay muchas cosas que pueden hacerte sentir vieja y mirarte al espejo (y si tienes puestos los lentes y tienes la actitud EQUIVOCADA) es una de ellas. Pero hay buenas noticias. Un artículo que guardé hace varios años sugiere que si podemos pasar de los sesenta y cinco casi siempre nos sentimos MEJOR en cuanto al envejecimiento. Es ese tramo entre los sesenta y sesenta y cinco el que parece causar problemas.

Por ejemplo, un estudio mostró que muchas más personas visitan el médico entre los sesenta y sesenta y cuatro años que las de sesenta y cinco a sesenta y nueve. Parece que las personas se acercan a comienzos de los sesenta al tiempo de transición que las lanzará hacia el retiro. Empiezan a sentir que la edad «las acorralan» y a preocuparse por la salud.

Esta teoría dice que uno se siente según con quien pasa el tiempo. Al cumplir los sesenta aún pueden relacionarse bastante con compañeros y amistades más jóvenes, sobre todo en el trabajo, y quizás se sientan más lentas que las que están en sus cincuenta o las más jóvenes. Pero cuando llega el retiro, las personas mayores de sesenta y cinco tienden a pasar más tiempo con los de su edad y están a gusto con ese grupo porque, en muchos casos, hasta podrían sentirse un poco más fuertes que sus compañeros.[10]

Quizás todo esto es asunto de percepción. A los sesenta puedes levantarte por la mañana y decidir que te sientes débil «porque te estás poniendo vieja». Pero a los sesenta y seis te levantas por la mañana y concluyes que te sientes bastante bien para tu edad.

Manténte flexible

Esta elección ilustra las dos formas básicas de lidiar con la vejez: negativamente, permitiendo que nos desgaste, o POSITIVAMENTE decidiendo ver cómo lo positivo supera lo negativo. Una manera positiva de lidiar con los años que se avecinan es mantenernos en la mejor condición física posible. Y, por supuesto, siempre ayuda poder reírse. Como dice Ashleigh Brilliant:

> La vida es mucho más fácil
> una vez que pasa la juventud,
> la mediana edad y la vejez.

Ashleigh Brilliant
Disparo 2584, © 1982

Cuando uno está viejo, el reto no es doblarse para tocarse los dedos de los pies.

Es recordar, una vez que llegues a donde ibas, para qué fuiste allí.

Dos ancianas hablaban en un asilo. Una de ellas le dijo a la otra: «Es mi cumpleaños. Tengo ochenta años y, caramba, quiero hacer algo escandaloso, así que hoy voy a pasar corriendo desnuda por la cafetería».

Y así lo hizo. Pasó por la cafetería sin nada puesto.

Dos ancianos, comiendo hamburguesas, la vieron. Uno de ellos le dice al otro: «Oye, la ropa de trotar de Alma se ve un tanto arrugada hoy, ¿verdad?»[11]

Erma Bombeck cuenta que fue a matricularse en una clase de ejercicios y le dijeron que se pusiera ropa holgada.

«Respondí: «"¿Está bromeando?" ¡Si tuviera ropa holgada no necesitaría la clase!"»

Dicen que la vida comienza a los cincuenta.

Sí, comienza muy bien... ¡a DESINTEGRARSE!

Es difícil estar en la edad que,
cuando uno lo da todo,
termina sin nada.

Recuerda, hoy podrás ser más VIEJA que antes,
¡pero eres mucho más JOVEN de lo que jamás serás
de nuevo!

El tiempo podrá ser un gran sanador…
¡pero es un malísimo especialista de belleza!

¡He alcanzado ese momento en la vida
donde lo único que puedo ejercer es PRECAUCIÓN!

Grandes noticias: ¡Reírse cien veces es el equiva-
lente sicológico a ejercitarse diez minutos en una
máquina de remar! El problema es que, una vez que
empiezo, temo que no pueda detenerme, ¡y me siga
riendo hasta morir de inanición![12]

Gracias por llamar a la «Línea para pérdida de
peso». Si deseas perder media libra ahora mismo,
presiona el uno dieciocho mil veces.[13]

A nuestra edad, olvidémonos de los ingredientes naturales.

¡Nos hacen falta todos los colores artificiales y
preservativos que podamos obtener!

La película realmente se termina cuando empie-
zas a buscar los dientes entre las rosetas de maíz.

Termina con cada día y acaba con él.
Hiciste lo que pudiste;
Sin duda se colarán algunas frustraciones y cosas
absurdas.
Olvídate de ellas lo más pronto posible.
Mañana es un nuevo día;
Debes comenzarlo bien y serenamente.

Ralph Waldo Emerson

MUJERES: Es fácil quemarse,
simplemente siéntense y esperen
un calor menopaúsico.

Pero los que esperan a Jehová
tendrán nuevas fuerzas;
levantarán alas como las águilas;
correrán, y no se cansarán;
caminarán, y no se fatigarán
(Isaías 40.31).

Envejecer es inevitable; madurar es opcional

Osadía en el espíritu... chirridos en las bisagras.

En verdad, el año pasado no le presté mucha atención a los reportes noticiosos que decían que la astronauta estadounidense Shannon Lucid superaba la marca para una mujer en el espacio. Pero cuando regresó, después de pasarse más de seis meses en la estación espacial rusa *Mir*, las fotografías me atemorizaron.

Fascinada, vi a la Dra. Lucid saludar a la multitud a su regreso a la Florida. Luego, la vi de nuevo cuando el Presidente la saludó al volver a Houston. Mientras el resto del mundo tal vez se maravillaba de su valor e inteligencia, lo miré todo y no podía sobreponerme ante un fascinante y sorprendente hecho: *¡SHANNON LUCID TIENE CANAS!*

Por supuesto, eso fue después de ciento ochenta y ocho días en el espacio. ¡No estoy segura de *qué* color era su cabello antes de mudarse con los rusos! Pero ese no es el asunto. Lo fabuloso es que cuando la mayoría de las personas piensan en astronautas creen que son JÓVENES atléticos y atrevidos que parecen estrellas de cine y asumen actitudes altaneras. En vez de eso, aquí tenemos a una persona con una increíble marca de resistencia en el espacio, ¡Y ES UNA MUJER DE MEDIANA EDAD!

¡Shannon Lucid estableció esa extraordinaria marca a los cincuenta y tres años de edad en su QUINTA misión al espacio! Así que espero que continúe mostrando esas canas. Aguardo que todavía siga superando marcas espaciales cuando sea abuela. Es una inspiración para todas las que tenemos más de cincuenta y, como Shannon Lucid, continuamos enfrentando retos.

En las ceremonias de bienvenida, el presidente Clinton dijo que cuando Shannon estaba en octavo grado le contó a su maestro que deseaba ser científica en la industria espacial. Su maestro replicó que «eso no existía y que una mujer no podría hacerlo».[1]

¡Soñemos siempre!

En estos últimos años de nuestras vidas, algunas podríamos afrontar las grandes probabilidades y los enormes obstáculos que enfrentó Shannon al contarle su sueño a ese maestro de mente tan estrecha. Asimismo, pareciera que se nos está acabando el tiempo para alcanzar el sueño que acariciamos. Quizás comenzamos a pensar que solo será un simple sueño y que, a pesar de la posibilidad de «realizarlo», otra lo *hará*, pero nosotras no. Después de todo, podríamos decirnos, estamos envejeciendo y los sueños son para los jóvenes.

Para muchas mujeres en lo que llamo «la segunda mitad de nuestro primer siglo», el reto no es alcanzar algo soñado durante toda la vida sino simplemente sobrevivir un día más. Durante estos años, podríamos luchar con niños que a pesar de ser adultos aún nos enojan, o quizás tratamos de superar la pérdida de un hijo. Muchas mujeres a esta edad tienen padres cuya salud física o mental se va desintegrando, y también lidian con esposos que soportan estos mismos problemas, más su crisis de la mediana edad. O podríamos luchar con el quebrantamiento en una relación familiar debido a la muerte, el divorcio o distanciamiento de algún tipo. O a lo mejor estás en ese momento cuando la vida parece pasar zumbando y te deja mordiendo el polvo. Quizás el simple hecho de levantarte por la mañana sea un reto para ti.

Bueno, he aquí una estadística que debe darte un empujoncito para que te pares de ese colchón: «En un año común y corriente, unos ciento treinta estadounidenses, o uno de cada dos millones, morirá al caerse de la cama. Durante ese mismo período, uno de cada cuatrocientos se lastimará con solo acostarse, casi siempre por la caída de la cabecera de la

Tight Corner por Ken Grundy y Malcolm Willet

Cuando agarres una estrella fugaz, asegúrate de que te quepa en el bolsillo.

Tight Corner © Grundy/Willet. Distribuido por Universal Press Syndicate.
Reimpreso con permiso. Derechos Reservados.

cama, el derrumbe de la armazón de la cama, ¡o algún otro desperfecto mecánico!»[2]

¿Ves? De todas maneras no estás segura en la cama, así que es mejor que te levantes y te pongas a hacer algo. Sal de la rutina, enderézate, ¡haz algo de valor!

Mientras acumulaba material para este libro, titulé la carpeta para este capítulo «correr riesgos», porque a eso te insto en estas páginas: Sé valiente, arriésgate, haz algo diferente, traspasa una barrera o, en los casos cuando creas encontrarte al final de la soga, ¡SIGUE RESPIRANDO! Ya sea algo tan sencillo como asistir de nuevo a la iglesia tras un tiempo de ausencia, o algo tan potencialmente espantoso como salir de nuevo en citas luego del final de tu matrimonio por la muerte o el divorcio. Espero que mires bien lo que te queda de vida y decidas hacerla importante.

Escoge la vida

Las opiniones del difunto Douglas MacArthur todavía se ajustan hoy día. Dijo: «No importa cuántos años tengas, en el corazón de todo ser está el amor a lo maravilloso, los intrépidos retos de los acontecimientos futuros, un inagotable apetito como el que tienen los niños por adelantado y el gozo del juego de la vida. Uno es tan joven como su esperanza y tan viejo como su desánimo».

En otras palabras, la decisión es tuya. Uno puede decidir «crecer joven» y llena de esperanza, o puede sumergirse en el desengaño y envejecer rápidamente. Sé que arriesgarse o intentar algo nuevo asusta porque no podemos dejar de preguntarnos: *¿Y si fracaso? ¿Y si nos enfrascamos en esto y nos damos cuenta de que cometimos un GRAVE error?* Bueno, tendrás que percatarte de que... en este momento de tu vida, este no será el PRIMER error que hayas cometido y, no importa cuán malo sea, quizás no será el PEOR error que hayas cometido. Y a menos que fracases en algo VERDADERAMENTE aventurero (como cruzar el Canal de la Mancha o intentar saltar el Cañón del Colorado montada en una motocicleta, como Evil Knievel), ¡tal vez tampoco será tu ÚLTIMO error! Y es muy probable que lo que ADQUIERAS en sabiduría, experiencia y carácter al arriesgarte superará cualquier problema que ocurra, aun si las cosas no salen exactamente como esperabas. Y serás una mejor persona por haberlo intentado.

En algún sitio vi un pensamiento que decía:

LA PERSONA QUE NO ARRIESGA NADA
¡NO HACE NADA, NO TIENE NADA Y ES NADA!

Max Lucado lo dice de esta manera:

La vida tiene cierta cualidad inexplorada y maravillosa. Búsquela. Persígala. Véndalo todo para obtenerla. No escuche los lamentos de aquellos que se han conformado con una vida de segunda categoría y quieren que usted haga lo mismo para que no se sientan culpables. Su meta no es vivir una larga vida sino vivir.

Jesús dice que las opciones están claramente delineadas. Por un lado está la voz de la seguridad. Puede encender un fuego en el hogar, permanecer adentro y mantenerse cálido, seco y resgaurdado. No podrá ser lastimado si nunca sale, ¿verdad? No podrán criticarlo por lo que no intente, ¿verdad? No se caerá si nunca toma una postura, ¿verdad? ... Tome el camino seguro ...

En lugar de hacer un fuego en su hogar, encienda un fuego en su corazón. Siga los impulsos de Dios. Adopte al niño. Múdese allende los mares. Enseñe la clase. Cambie de carrera. Presente su candidatura. Produzca un cambio. Por supuesto que no es un camino seguro pero, ¿qué camino lo es?

¿Piensa que el permanecer adentro protegido del frío es seguro? Jesús discrepa. «El que procure conservar su vida, la perderá» ... Recupere la curiosidad de su niñez. El simple hecho de estar cerca de la cima no significa que haya pasado su cumbre.[3]

La risa bendice

Muchas mujeres mayores, sobre todo las que se quedan solas súbitamente, titubean al intentar algo nuevo porque podrían parecer tontas. Gracias al cielo por las almas valientes, como la amiga de los Ministerios Espátula que tuvo una idea muy inteligente y generosa para ayudar a su iglesia a recaudar fondos para un edificio nuevo. En una «subasta de servicios» que celebraron los recaudadores de fondos de la iglesia, vendió ocho telegramas cantados, que «alegremente» entregó en respuesta a la compra de sus servicios. Entonces sucedió algo mágico:

> Pronto comencé a recibir llamadas. Fui a la oficina postal para un sexagésimo cumpleaños. A un parque para el octogésimo cumpleaños de una tía. A un hogar de retiro a cantar en el octogésimo cumpleaños de una madre, y así por el estilo. Mientras más salía más tonta me vestía. Casi siempre usaba la misma canción, pero la ajustaba a la ocasión. Todo el mundo me recibía con mucha amabilidad y me divertía mucho. ¡La risa trae consigo grandes bendiciones!

Ahora, ¡tú sabes que esta querida muchacha tal vez se sintió tonta la primera vez que llegó a la oficina postal anunciando que iba a CANTARLE a alguien! Pero se sobrepuso a esos temores y se ganó una bendición repartiendo gozo a los demás.

La mezcla mágica de risas y lágrimas

La vida del que se arriesga se enriquece, no solo por el gozo que se experimenta, sino también por las lágrimas que se derraman. Recuerda, hace falta lluvia y luz solar para hacer un arco iris. Ese es el principio de vida que los estudios Disney descubrieron cuando comenzaron a hacer películas

Una de las primeras películas, *Blanca Nieves*, fue un colosal éxito comercial, pero las subsiguientes presentaciones animadas no alcanzaron tanto éxito. Cuando los expertos de Disney analizaron los fracasos y los compararon con *Blanca Nieves*, descubrieron que «las películas que las personas pagaban por ver una y otra vez tenían dos ingredientes: ¡risas y lágrimas! Todo lo que hicieran a partir de ese momento debía tener ambos elementos antes de llevarlos al mercado».[4]

¡No temas! Como dijo un escritor: «Las personas confiadas no temen sufrir, porque este crea experiencia y esta crea sabiduría. Los sufrimientos actuales parecerán insignificantes si mantenemos nuestros ojos en el futuro».[5]

Sal en fe y emprende lo que te sientas dirigida a hacer, ya sea algo sencillo como ofrecerte de voluntaria para un nuevo ministerio en tu iglesia, ¡o algo más complicado como llenar una solicitud para prepararte como astronauta!

Y de necesitar ayuda para aventurarte fuera de tu cascarón, he aquí diez pasos que te ayudarán con un cordial estímulo de confianza, un amable empujoncito desde la puerta, a medida que emprendas tu viaje:

1. Comienza el día con una disposición serena y alegre. Di: «Este va a ser un buen día. Hoy voy a estar alegre y tranquila».

2. Trata de sonreírle a otros. Una sonrisa es contagiosa y te sentirás mejor cuando otros sonrían contigo.

3. Cuenta tus bendiciones. Cuéntalas una por una. ¿Acaso te has percatado de la verdadera riqueza que posees?

4. Disfruta de este día con hermosos pensamientos, recuerdos agradables. Vive de día en día.

5. Sé aventurera. Trata de caminar y ver nuevos vecindarios, nuevos edificios y parques, nuevos paisajes.

6. Llama a una amistad o escribe una carta. Deja que esa persona sepa el lugar que ocupa en tus pensamientos y oraciones. Ofrece una palabra de ánimo, el oxígeno del alma.
7. Sé una persona feliz. Ve el lado bueno de la vida. Una actitud alegre y amorosa se presta para la mejor salud.
8. Haz una buena obra o dale algo beneficioso a un ser amado.
9. Ofrécete. Brinda tus servicios en un hospital o una iglesia. Ayuda a las personas. La ley de dar te recompensará mucho.
10. Actúa de la mejor forma que puedas cada día. Realmente solo vivirás cuando seas más útil y constructiva.[6]

Marcha en fe

Muchas clases de «riesgos» han salpicado mi vida... ¡sobre todo travesuras ridículas para frenar mis encontronazos con la locura! Una de ellas ocurrió en 1980, cuando la hermosa Catedral de Cristal estaba a punto de abrir al público aquí en el Condado de Orange, en California. El Dr. Robert Schuller invitó a varios dignatarios para que participaran en las ceremonias de dedicación: Billy Graham, Tom Bradley, el alcalde de Los Ángeles, el difunto Norman Vincent Peale y la cantante de ópera Beverly Sills, solo por nombrar unos cuantos. Fue un acontecimiento muy elaborado y solamente se podía asistir con una invitación.

En aquel entonces teníamos a alguien de visita, Andy, un querido estudiante universitario. Había leído mucho acerca de la gran gala, y me dijo: «¡Vamos!»

Le expliqué que no era posible que pudiéramos entrar porque era para dignatarios, gente importante e invitados, no para peones como nosotros. Pero estaba determinado a entrar; hasta me aposté que se le ocurriría una manera para que *ambos* nos metiéramos.

Salimos manejando hacia allá. Solamente toma unos quince minutos desde mi casa y era casi imposible estacionarse. Tuvimos que dejar el auto muy lejos y caminar de vuelta. Las ceremonias estaban a punto de comenzar. Las banderas ondeaban en lo alto y la orquesta tocaba mientras los ujieres sentaban a los invitados de honor en sus respectivos lugares.

Cuando estoy fuera de casa, en mi cartera siempre llevo un pequeño localizador que vibra para informarme que tengo mensajes telefónicos. Andy me había visto usarlo; cuando nos acercamos a la entrada, me pidió el aparato. Entonces, agarrándolo con firmeza frente a él, se acercó raudo a una ujier con un chaleco rojo que saludaba a los invitados y entregaba los programas en la puerta principal.

Conmigo, apurada junto a él, Andy se acercó a la ujier y le dijo en un tono tan bajo de voz que solo ella podía escuchar: «Somos parte de la seguridad y tenemos que verificar si hay o no una bomba bajo la plataforma».

De inmediato la ujier nos dejó entrar y avanzamos presurosos hasta el frente de la Catedral de Cristal, donde la audiencia esperaba ansiosa el comienzo del programa. Andy colocó el pequeño localizador entre las plantas y los arreglos florales situados alrededor de la plataforma, presionando el dispositivo que lo hacía sonar. Se movía con el semblante preocupado mientras yo aguantaba la risa. Al fin y al cabo, *todos* en la audiencia podían vernos, ¡y *definitivamente* no estábamos vestidos para la ocasión! Andy andaba en vaqueros y una camisa deportiva, y yo tenía puesta una blusa y un pantalón.

Luego de varios chirridos y vibraciones con su cabeza metida en las plantas, Andy le hizo una señal positiva a la confundida ujier que había regresado a la puerta. Luego subió rápidamente por el pasillo y salió por la puerta lateral, conmigo muy pegada a él. Al retirarnos vimos unas cuantas caras familiares en la audiencia. Sus expresiones desconcertadas por poco me hacen estallar de la risa. Eso fue todo lo que pude hacer para no desternillarme de la risa mientras tropezábamos por el pasillo. Pero me las arreglé para salir antes de que estallaramos en carcajadas; y Andy me recordó rápidamente que había ganado la apuesta.

Antes de continuar, tengo que enfatizar que la seguridad en la Catedral de Cristal es hoy muy sofisticada. En la actualidad sería imposible hacer lo que Andy y yo hicimos ese día. A quien intente una travesura de ese tipo lo acompañarían con cortesía a un cuarto de espera hasta que las autoridades se presentaran... ¡y se lo llevarían al manicomio más cercano!

Lo que en verdad sorprende es que la Catedral de Cristal me haya dado la bienvenida muchas veces desde ese entonces. Es más, me han invitado a dar conferencias a las mujeres, ¡y mi grupo Espátula se ha reunido allí durante los últimos doce años! Hace un par de años me invitaron a *Hour of Power* [La hora del poder], un programa transmitido a nivel nacional desde la Catedral de Cristal los domingos por la mañana. Bien vestida, con un enorme sombrero de paja cubierto con geranios rojos, me entrevistó el Dr. Bruce Larson, quien habló sobre mi libro, *Ponte una flor en el pelo y sé feliz*. Le contó a la audiencia sobre tres de mis libros que estaban en la lista de éxitos de librería en aquel entonces y apoyó nuestro trabajo con padres dolidos.

Mientras estaba parada allí, mirando la vasta audiencia y disfrutando de la belleza y el abrumador espectáculo de ese glorioso lugar, súbitamente se encendió una imagen en mi mente: Andy y yo, husmeando en las palmeras al borde de la plataforma, buscando bombas ficticias. Si ves una grabación de esa entrevista, descubrirás que estoy a punto de empezar a reírme sin control en un momento dado del programa, ahí fue cuando me acordé de mi primera visita a ese fabuloso lugar.

El Dr. Schuller ha sido muy bondadoso con nuestro ministerio desde que abrió la Catedral de Cristal. Hace poco me escribió una carta felicitándome por el éxito de mi último libro, *Qué bueno que me dijiste lo que no quería oír*. Terminó la carta diciendo: «¡Tu vida es bendita por ser bendición!»

Que frase más maravillosa: «bendita por ser bendición». ¡Seguramente, si esto es cierto, se espera que me arriesgue aquí y allá para asegurarme de que se alarga la bendición! Ese pensamiento me llevó a arriesgarme cuando Bill y yo aceptamos una invitación «adicional» que recibí el año pasado mientras dábamos una conferencia en Nueva Orleans. Por lo general, cuando viajo tengo el tiempo exacto y no hay tiempo libre para viajes adicionales. Sin embargo, una amiga de Espátula se enteró que iba a hablar en Nueva Orleans y me llamó y preguntó si podía visitarla en un pueblecito en Mississippi para almorzar con ella y su esposo.

Su pueblo dista más de dos horas en auto desde Nueva Orleans, así que no era fácil hacer los arreglos para una breve visita. Pero como es una amiga querida que sufrió una pérdida difícil, me deleitó arreglar nuestro itinerario para que pudiéramos almorzar con ella.

Cuando llegamos a su hogar, esperábamos un almuerzo tranquilo y sencillo contando solo con la presencia de nosotros cuatro. Sin embargo, nuestra amiga nos saludó en la puerta con una hermosa sonrisa y con su melodioso acento sureño nos dijo: «Bueno, ¡sucedió algo fuera de lo común! Tenemos que ir al *Ramada Inn* para almorzar, ¡porque hay más de cuatrocientas cincuenta damas esperando para conocerte!»

«¡Cómo!», contesté pasmada. El semblante perplejo hizo que se apresurara a dar explicaciones. Dijo que su esposo había mencionado en su clase de Escuela Dominical que veníamos... y luego de esto comenzaron a llover las llamadas. De buenas a primeras, ¡terminaron llamando al hotel para organizar uno de los salones de banquetes!

Cuando nos acercábamos al hotel, las damas estaban alineadas alrededor de la entrada. En cualquier otra situación, lo que sucedió entonces pudo ponerse feo, pero estas encantadoras mujeres eran tan pacientes que no parecía importarles que la librería, que rápidamente colocó una mesa para vender mis libros, se quedara sin ejemplares. Y nadie se enojó cuando el personal se quedó sin comida... sin cubiertos... sin sillas. A pesar de todo lo que hizo falta y del gran cambio de planes, disfrutamos mucho converzando y estando en comunión con ellas. ¡Una dama me dijo que la última persona «importante» en visitarlos fue Barry Goldwater!

Nos arriesgamos un poco al salir para allá, no teníamos mucho tiempo libre y ya estábamos cansados por el viaje de dos horas. Pero qué empuje nos dieron esas alegres mujeres. En verdad fue un chapuzón de gozo para el arca del tesoro de mi memoria.

Sumergida en la oratoria pública

Uno de los riesgos que surgió rápidamente de los Ministerios Espátula fueron las presentaciones públicas. Al principio asustaba un poco pensar en pararse ante una audiencia y relatar mi historia. Las primeras ocasiones temía olvidar lo que quería decir... llorar en las partes tristes o que nadie se fuera a reír en las partes cómicas... o que alguien se fuera a ofender por algo. Pero sentí el amor de Dios empujándome hacia el micrófono y lo demás fue fácil. Ahora lo he hecho tanto que confío en que el Señor impulsa el relato cada vez que me paro frente al podio.

Aun así, uno nunca sabe cuán cómodo será el sitio ni qué tipo de reacción tendrá una audiencia. En los últimos dos años, en varias reuniones el lugar se llenó excesivamente y hubo que despedir a muchas mujeres o meterlas como sardinas enlatadas en otros cuartos. Hace poco, en un banquete, la iglesia que auspiciaba la actividad ordenó cajas de almuerzo para todos los que asistieran, pero había más personas de lo planeado y se quedaron sin comida. Las organizadoras de la actividad, que eran mujeres ingeniosas, llamaron a la Misión de Rescate de la ciudad que envió alimentos deliciosos para las doscientas hambrientas mujeres que no alcanzaron comida. No hubo ni una queja; ¡algunas de las mujeres hasta dijeron que los almuerzos de la Misión de Rescate eran más sabrosos que los que trajeron del restaurante!

Mis años de oratoria pública me han recompensado con múltiples bendiciones. Una de ellas es que he conocido muchas mujeres muy creativas, como las que encontraron comida en la Misión de Rescate. Para mí, esa es una de las principales recompensas de emprender esta aventura un tanto arriesgada. Por ejemplo, poco después que saliera mi libro *Salpícame de gozo* en los pozos ciegos de la vida, me invitaron a dirigirme a un enorme banquete en una megaiglesia de Arizona. Cuando entramos a la sala de banquetes, lo que vimos nos chocó y deleitó.

La sala estaba decorada al «estilo pozo ciego», nos dijo riéndose una de las astutas mujeres. Rollos de papel sanitario rosa, amarillo, azul y blanco caían con gracia a través de toda la sala de banquetes, y serpentinas del papel formaban una pobre cortina para esconder el borde de la plataforma de los conferenciantes. Y *sobre* la plataforma había tres inodoros completos cubiertos con papel dorado y cositas brillantes, esto verdaderamente valía la pena contemplarlo. Cada una de las cincuenta mesas estaba decorada con un desatascador de inodoros cubierto con plumas rosadas, perlas blancas y lazos de papel sanitario. ¿Puedes imaginarte cuánto nos divertimos en ese lugar?

Para comenzar las cosas, la directora del ministerio femenino se paró y dijo: «Damas, ¡vamos a desatascarnos!» Entonces nos enseñó una canción: «Tira de la cadena, tira de la cadena, tíralo todo», y el lugar se alborotó bastante con las muchachas riéndose, cantando y moviéndose de lado a lado.

Lo más divertido del día fue el regalo de despedida que nos dieron las damas, una encantadora tapa de inodoro incrustada con perlas, arreglada con plumas y rociada con cositas brillantes. Bill la cargó en el regreso a California, ¡y puedes estar segura de que ese día fue el tema de conversación en el aeropuerto! De todos los lugares a donde he ido y de todas las conferencias en las que he participado, ESA sin duda tenía la decoración más memorable. Todavía me da risa cuando la recuerdo.

En otra presentación, recibimos una salpicadura de gozo de una carta que escribió una de las mujeres que asistieron.

Felicitó a las organizadoras de la gira Joyful Journey [Viaje gozoso], una serie de conferencias femeninas a través de toda la nación en la que participé. La mujer dijo que le gustó que todo se planificó hasta el último detalle. ¡Incluso pegaron versículos bíblicos en la parte interior de los baños! Sin embargo, mencionó que el versículo bíblico que encontró allí la «incomodó un poco». Decía: «ESTÁS RODEADA DE UNA NUBE DE TESTIGOS».

Tiestos de consideración

Las mujeres que he conocido durante mis viajes no solo se han reído conmigo, también me han enseñado qué es la consideración. En agosto, poco después de publicarse *Ponte una flor*, estábamos en Canadá para asistir a una convención de libreros. Una librería local me invitó a pasar por allí y firmar algunos libros, y me alegré de hacerlo. Al llegar, qué buena sorpresa fue enterarme que una de las empleadas de la librería había comenzado en marzo a sembrar geranios en pequeños tiestos colocados bajo luces especiales en su sótano, ¡en la helada Canadá!

Se había ocupado amorosamente de ochenta de estas plantas y cuando llegué a firmar los libros estaban robustas y listas para su adopción. Me presentó con amabilidad cada pequeño tiesto envuelto en papel dorado brillante, para que pudiera dárselo a los clientes que vendrían para que les firmara los libros. ¡Qué delicia fue para nosotras ver ese día esos pequeños tiestos salir de la tienda para esparcir un poco de gozo en la ventana de alguien!

Sorpresas en la plataforma de conferenciantes

Estas son solo algunas de las maneras en que me han bendecido durante todos estos años de presentaciones públicas. En verdad, he estado «actuando» frente a audiencias desde que era una niñita. Era tan pequeña cuando acompañé a mi papá, que era pastor, a reuniones de avivamiento tradicionales alrededor de Michigan, que tenía que pararme en una silla para entonar las «canciones especiales» ante la congregación. Hasta el día de hoy, el olor de virutas de madera me ocasiona recuerdos.

Una de mis primeras actuaciones fue cuando era niña y tenía un enorme sombrero cubierto de flores (visiones del porvenir, creo yo) mientras cantaba «Simplemente una pequeña trinitaria, aterciopelada y marrón. Dios mira cada minúsculo capullo». Todo salió de maravillas y este numerito me quedaba bien hasta que a mi madre se le olvidó ALMIDONAR mi sombrero de trinitarias y el ala se dobló vergonzosamente sobre mis ojos. ¡Me parecía más a una petunia marchita que a una trinitaria despabilada!

Desde ese entonces es raro que sienta nerviosismo, pero *sí* tiendo a preguntarme si va a suceder algo inesperado en medio de mi presentación o si voy a hacer alguna tontería inadvertida (como ocurrió cuando me bebí el agua bendita de un cáliz bautismal creyendo que era el agua de beber que había pedido).

Con la mano de Dios sobre la mía

Las presentaciones públicas van de la mano con otro riesgo que enfrenté hace varios años cuando, de buenas a primeras, un editor me invitó a escribir un libro sobre nuestras experiencias familiares: el devastador accidente de Bill, la muerte de dos de nuestros hijos, y la desaparición y alienación de otro. Acababa de cumplir CINCUENTA años y jamás había escrito nada, ¡mucho menos un libro! Pero el editor me aseguró que el Señor impulsaría el libro y el resultado fue *Where Does a Mother Go to Resign?* [¿Dónde renuncia una madre?]. Lo escribí en solo ocho semanas y, milagro de milagros, hoy en día, dieciocho años después, todavía vende bien. Así que sin duda sé que la mano de Dios guió la mía.

Poco después de finalizar ese proyecto, mi amiga Linda envió otro manuscrito que había preparado para otro editor. Salió del diario que mantuve a través de los dolorosos años en que luchábamos por sobrevivir. Casi de inmediato, me envió una carta un tanto seca diciendo que mi material no se prestaba para publicarse. Me sentí bastante tonta y un poco intimidada. Pero sabía que Dios me guiaba y de una u otra manera continué escribiendo, aunque con más determinación, a fin de inspirar a otros mediante mis vivencias.

¿Sabes lo que pasó? La editorial que rechazó esa propuesta no era otra sino Word, Inc., ¡esa maravillosa compañía que se ha convertido en una familia para mí y que ha publicado mis últimos cinco libros, al igual que este! Si alguna vez hubo una ilustración de «la piedra que rechazaron los edificadores» (Salmo 118.22), ¡esa soy yo! Al enviar aquellas páginas de mi diario, hace tantos años, nadie tenía menos probabilidades que yo de convertirse en una escritora establecida. Y nadie pudo sentirse más rechazada luego de que esa propuesta la señalaran como «improcedente».

A muchas otras personas las rechazaron antes de que sus esfuerzos tuvieran éxito. Se cree que el autor Irvin Stone coleccionó diecisiete cartas de rechazo antes de que una editorial aceptara su libro *Lust for Life* [Codiciar la vida], ¡que vendió veinticinco millones de ejemplares!

También el primer libro de cocina de Julia Child lo rechazaron y a «Dr. Seuss» lo rechazaron veinticuatro veces antes de que una editorial finalmente le diera el visto bueno.[7]

A Abraham Lincoln lo derrotaron en su primera campaña por la legislatura de Illinois en 1832. ¡Gracias a Dios que no se retiró de la política después de ese descorazonador fracaso!

¡Babe Ruth se PONCHÓ más de mil trescientas veces!

La madre Teresa se pasó la mayor parte de su vida trabajando devotamente por los pobres en Calcuta en un relativo anonimato. Solo cuando estaba en sus setenta la alcanzó el reconocimiento.

El coronel Harland Sanders, que abandonó la escuela en séptimo grado, abrió su primera franquicia *Kentucky Fried Chicken** cuando ya tenía sesenta años de edad.[8]

---

* Nota del editor: Cadena de restaurantes de comida rápida especializada en vender pollo frito.

Hace poco me enteré de que Charles Schulz, el caricaturista que creó la caricatura «Peanuts», no pudo conseguir trabajo con Walt Disney muchos años atrás porque Disney dijo que el trabajo de Schulz simplemente no era lo bastante bueno. Ahora hay una estrella en el Hollywood Boulevard con el nombre de Charles Schulz. Y adivina de quién es la estrella contigua: ¡de Walt Disney!

Como instaba un articulista: «Recuerda que el gran éxito siempre es una posibilidad independientemente de la edad o la clase social. La perseverancia lo es todo».[9] Si se te acaba la perseverancia antes de estrellarte contra una pared de ladrillos en tu primer intento de arriesgarte, escribe este versículo en una tarjeta y llévala a dondequiera que vayas. Mejor aún, memorízalo y recítalo regularmente:

> Estando persuadido de esto, que el que comenzó en vosotros la buena obra, la perfeccionará hasta el día de Jesucristo (Filipenses 1.6).

Jubila tu jubilación

Muchas personas jubiladas descubren maneras novedosas de «escapar de la jubilación». En lugar de invertir sus años dorados en el «astillero», esperando que Gabriel suene su trompeta, regresan a trabajar, ¡decidiendo ser productoras en lugar de consumidoras!

¿Te consideras demasiado vieja como para entrar a un negocio y solicitar empleo? ¡No lo eres! Si eso es lo que quieres hacer, no estás sola. Millones de estadounidenses mayores de cincuenta están aceptando nuevas profesiones, sobre todo en campos que acogen a «trabajadores maduros».

Un artículo que leí decía que a los bancos les gusta emplear trabajadores mayores porque «cuando los clientes están ante cajeros dignos... ven su dinero en buenas manos». A los hoteles les gustan las personas de nuestra edad porque son confiables. Las agencias de viaje emplean mucho a las personas mayores que disfrutan viajar y les gustan los seductores beneficios de los descuentos hoteleros y aéreos.

El avance del Reino de Dios de paso en paso

Si no puedes convencerte a correr riesgos para beneficio propio, quizás podrías envalentonarte si recuerdas que todo lo que haces, lo haces para el Señor. Si ÉL te pidió ayuda, ¿cómo puedes negársela?

Bueno, ¡Él te la está pidiendo! Y eso no significa necesariamente que te esté pidiendo que solicites ingresar a un seminario y dirijas un viaje misionero a la China. Hay bastante trabajo donde resides para quienes estén dispuestos a hacerlo. Muchas escuelas reciben con agrado a voluntarios de todas las edades. Una amiga en la Florida me contó acerca de una abuela canosa que sirvió como voluntaria en la escuela elemental de su vecindario por más de treinta años, mucho tiempo después que sus hijos estudiaran allí. En agosto, llama a la escuela preguntando si hay papeles que copiar y ordenar, y siempre hay. Esa escuela la ha honrado varias veces como uno de los «ángeles» que no ha recibido reconocimiento.

Otra mujer ni siquiera tuvo que aventurarse fuera de su hogar para realizar su buena obra. Simplemente se ofreció como voluntaria para ser directora de publicidad de la iglesia. Todas las semanas redactaba a máquina un relato noticioso, en un párrafo que describía los servicios regulares de su iglesia o los futuros programas especiales. Los enviaba por correo al periódico local y a las estaciones de radio para que lo utilizaran en sus calendarios semanales.

Su iglesia era bastante grande, con varios servicios semanales, así que jamás supo si esas pequeñas notas que aparecían en el periódico daban resultados. Luego llegó el día cuando el pastor le habló una mañana antes del servicio. «Ana», le dijo, «te presento a Diana. Nos hemos reunido varias veces el mes pasado y decidió ser parte de nuestra congregación. Es más, hoy planea pasar al frente para pedir que la bauticen. Diana comenzó a visitar la iglesia porque vio uno de los pequeños artículos que pones en el periódico».

Bueno, podrás imaginarte cuánto se emocionó Ana con las noticias. «Casi me sentí como una madre novata», dijo.

«Diana y yo nos abrazamos, y no estoy segura de cuál de las dos estaba más contenta».

Los voluntarios que trabajan para *Habitat for Humanity* [Hábitat para la humanidad] poseen un sentido parecido al llevar a otros a Cristo de una manera un tanto fuera de lo común. Hay cientos de relatos sobre las vidas tocadas por estos constructores de casas, muchos de los cuales son mujeres de mediana edad que antes de presentarse en un área de trabajo como voluntarias jamás habían agarrado un martillo en su vida. Uno de mis relatos favoritos trata sobre un proyecto de trabajo de Hábitat para la humanidad en Charlotte, Carolina del Norte, dirigido por el ex presidente Jimmy Carter, en julio de 1987. Solamente en una semana, Carter y su esposa, Rosalynn, junto con docenas de voluntarios, construyeron catorce casas en un vecindario de Charlotte.

Dos años después, Millard Fuller, el fundador de Hábitat, estaba de vuelta en Charlotte y le pidió a un amigo que lo acompañara para ver las casas construidas durante el proyecto de trabajo de Carter. De acuerdo con el libro de Fuller *The Excitement Is Building* [Aumenta la emoción]:

> Mientras viraban en el callejón sin salida y comenzaban a manejar lentamente de vuelta por la calle, vieron la casa donde trabajaron Jimmy y Rosalynn Carter. En el jardín jugaba un niñito, quizás de seis años de edad. Detuvieron el auto por un instante y el niño salió a saludarlos.
>
> —Oye —dijo él—, tienes un auto lindo.
> —Sí, y tú tienes una casa linda. ¿Cuál es la tuya? Señaló hacia la casa.
> —¿Cómo te llamas? —le preguntó Millard.
> —D.J.
> —Bueno, D.J., quiero hacerte una pregunta. ¿Quién construyó tu casa?
>
> Millard creyó que iba a decir: «Jimmy Carter». En vez de eso, D.J. contestó en voz baja:
> —Jesús.[11]

¡Qué honor sería que alguien sintiera que Jesús tocó su vida por algo que hicimos NOSOTROS! No permitas que tus temores e inercia impidan la cosecha de estas bendiciones. Recuerda que Dios está contigo cuando te aventuras fuera de esa puerta.

Alguien me envió un pequeño recorte de una fuente desconocida que dice:

> La vida cristiana es una vida de fe... Me he percatado de que Dios tiene en alta estima a la fe y una estrategia para desarrollarla. Hace que escalemos hacia Él y entonces, cuando estamos en el sendero, señala hacia abajo y no nos damos cuenta de que no hay red para prevenir nuestra caída.
>
> Los mejores momentos de Dios para nosotros son cuando nos atrevemos a invertirlo todo solamente en Él, cuando se han eliminado todas nuestras acostumbradas sogas y redes y lo único que nos resta es Él. «Por la fe Abraham, siendo llamado, obedeció ... y salió sin saber a dónde iba».
>
> A la verdadera fe le encantan las situaciones difíciles porque ahí es que Dios obra más a menudo. La fe se ríe de las imposibilidades y grita: «¡Así sea!»

Ríete de lo imposible

Hablando de Abraham... mudarse no era la única «situación difícil» a la que se arriesgaron Sara, su esposa, y él durante su vejez. Me encanta el pasaje de Génesis que cuenta el relato de la arriesgada «aventura» de Sara, quizás porque veo mucho de mí en ella, riéndose en un mal momento; ¡y que lo atrapen a uno haciéndolo!

> Entonces dijo: De cierto volveré a ti; y según el tiempo de la vida, he aquí que Sara tu mujer tendrá un hijo. Y Sara escuchaba a la puerta de la tienda, que estaba detrás de él. Y Abraham y Sara eran viejos, de edad avanzada; y a Sara le había cesado

ya la costumbre de las mujeres. Se rió, pues, Sara entre sí, diciendo: ¿Después que he envejecido tendré deleite, siendo también mi señor ya viejo? Entonces Jehová dijo a Abraham: ¿Por qué se ha reído Sara diciendo: ¿Será cierto que he de dar a luz siendo ya vieja? ¿Hay para Dios alguna cosa difícil? Al tiempo señalado volveré a ti, y según el tiempo de la vida, Sara tendrá un hijo. Entonces Sara negó diciendo: No me reí; porque tuvo miedo. Y Él dijo: No es así, sino que te has reído» (Génesis 18.10-15).

Acaso puedes oír a Dios diciendo: «Sara, ¡te has reído!» Esta vieja mujer podría ser el único personaje en la Biblia que escuchó la voz de Dios, ¡y pensó que bromeaba! Gracias a Dios que no hizo lo que tal vez yo hubiera querido hacer si me hubiera enterado de que estaba embarazada a los noventa, ¡tirarme de un desfiladero! En lugar de eso, Sara fue

«EL ÚNICO PROBLEMA ES QUE CONFUNDO SUS PAÑALES CON LOS MÍOS»

Reimpreso con permiso del *Kansas City Star*

valiente. Y por cierto, se deleitó en su preñez. Parecía disfrutar de su condición.

Cuando el bebé nació, Sara lo nombró Isaac y predijo: «Entonces dijo Sara: Dios me ha hecho reír, y cualquiera que lo oyere, se reirá conmigo» (Génesis 21.6). Estaba en lo cierto; miles de años después la risa de Sara todavía es contagiosa.

¿Cuánto tiempo hace desde la última vez que te echaste a reír?

¿Cuánto tiempo hace que hiciste algo extravagante? Quizás no tan extravagante como salir embarazada a los noventa... pero, ¿cuánto tiempo ha pasado desde que te comiste un melón de agua e intentaste ver cuán lejos podías escupir las semillas? ¿O juntar un montón de lilas y llevárselas a amistades para que sus hogares huelan a primavera? ¿O marchar en una parada o subir por la escalera mecánica que baja? Arriésgate. Sal de tu molde de plástico y haz cosas insólitas aunque la gente piense que acabas de salir del manicomio.

¿Has visto a un niño golpear enloquecido partículas de polvo suspendidas en un rayo de luz solar? Los niños se deleitan con cosas así de sencillas e inocentes; y tú puedes hacer lo mismo. Conviértete de nuevo en una niña. ¡Ríe! Es como trotar por dentro. Busca maneras de disfrutar tu día, a pesar de lo pequeñas o baladíes que sean. Mantén una actitud gozosa, lo que hace que disfrutes cada cosa buena que sucede sin importar cuán insignificante sea, ¡hasta conseguir un estacionamiento! Busca un campo y mira las FLORES, ¡no la YERBA MALA!

Ese tipo de actitud positiva se expresa vívidamente en estas encantadoras cartas navideñas de Bruce y Rose Blivens que aparecieron en la columna de Ann Landers en 1976 y 1977:

A los ochenta y seis años, Rose y yo vivíamos bajo las reglas de los ancianos:

Si el cepillo de dientes está mojado, te cepillaste los dientes. Si la radio al lado de la cama está caliente por la mañana, la dejaste encendida toda la noche. Si tienes un zapato marrón y uno negro, tienes otro par en algún lugar en el armario.

Trata de no incomodarte cuando una amiga te diga que en honor a tu cumpleaños le donaron una caja de jugo de ciruela a la casa de retiro a nombre tuyo.

Yo me tambaleo cuando camino y los niños me siguen apostando para ver de qué lado me voy a inclinar. Esto me molesta. Los niños no deberían apostar.

Como la mayoría de los de la tercera edad, pasamos muchas horas felices frente a la televisión. Es raro que la encendamos.

Al año siguiente, Ann publicó esta «continuación»:

Queridos amigos:

Rosie y yo tenemos ochenta y siete años. ¿Nos gustaría intentar llegar a los ciento setenta y cuatro? La respuesta es no. Soy cuarenta y seis por ciento tan viejo como Estados Unidos y aun así no sé deletrear algunas palabras.

Rosie ha envejecido algo durante el año pasado y ahora parece una mujer en sus cuarenta. Ella me regaña porque hay un pequeño duende que a medianoche entra a menudo a la casa, aprieta el tubo de pasta dental en el medio y se marcha. En mayo pasado, celebramos nuestro sexagésimo tercer aniversario.

Soy tan inteligente como pueda esperarse. Recuerdo bien el amigo que me dijo hace muchos años: «Si tu coeficiente de inteligencia supera el cien... ¡vende!»

Camino un poco esparrancado esperando que las personas crean que acabo de bajarme de un caballo. En mis excursiones diarias saludo a todos meticulosamente, incluyendo los apoyacabezas de los autos vacíos en el estacionamiento. Las solemnes amistades parecen sorprenderse cuando las saludo con un breve: «¡hola!» No saben que no tengo suficiente aliento como para usar más sílabas para saludarlas.

Cuando somos viejos, los jóvenes son más bondadosos con nosotros y somos más bondadosos uno con el otro. Hay un brillo de atardecer que irradia de nuestros rostros y se refleja en los rostros de los que nos rodean...[12]

¿Acaso no te encantaría tener amistades con una actitud tan desenfadada como esa? Lo mejor después de tener una amistad como así, que pueda animar tu espíritu, es SER ESA CLASE DE AMISTAD que ayuda a otras a ver lo divertido de la vida.

Cómo comenzar de nuevo

¿Acaso tu «brillo de atardecer», como el de Rose y Bruce Blivens, se refleja en los que te rodean? ¿O tu luz está desapareciendo poco a poco mientras te acurrucas en la casa, lamentándote de ti misma?

Como dice el Dr. Samuel Johnson: «Si un hombre no hace nuevas amistades en el transcurso de su vida, pronto se quedará solo». Añade el escritor Sherwood Eliot Wirt: «Nosotros los ancianos jamás debemos perder la oportunidad de conocer [nuevas amistades]». E insiste: «Cometemos un gran error al hacer amistades únicamente entre las personas de nuestra misma edad. ¡Al hacerlo permitimos que el mundo nos aísle!»[13]

Ahora, quizás te haga falta practicar para ser sociable de nuevo. A medida que superas tu falta de deseo de relacionarte con otros recordarás este pequeño adagio:

¡La hospitalidad es hacer que las visitas se sientan como en su casa aunque es allí donde quisieras que estuvieran!

En caso de que estés fuera de práctica en lo de hacer amistades, he aquí una lista de excelentes sugerencias sobre cómo lograrlo:

© Dana Summers. Reimpreso con permiso.

Socializa. Invierte tiempo en conocer a los demás. Busca a otros que tengan tus mismos intereses. La mejor manera de conocer a alguien es hacer las cosas que ambos disfrutan y conversar.

Observa. Mira a la gente a los ojos. Mirar a alguien directamente, en lugar de mirar al techo o al suelo, demuestra tu interés por lo que la persona dice.

Nota lo que agrada y desagrada a otro. Averigua cuál es su situación laboral, sus antecedentes familiares y sus sueños. Conoce las distintas perspectivas que tienen otros.

Reflexiona sobre lo que eres y cómo entablar una amistad con esa otra persona. Considera sus necesidades.

Identifícate con las personas. Aprende a escuchar. La conversación interactiva demuestra interés.

Expresa la estima. Trata a la otra persona con bondad. Muestra que valoras y respetas lo que hace o piensa.[14]

Corta la línea discontínua.
Entonces, cuando te encuentres con alguien que necesita una sonrisa,
dale una de las tuyas.

¡SONRÍE! Ese es en verdad el primer paso para entablar amistad con alguien.

Winston Churchill dijo: «Nos ganamos la vida con lo que obtenemos. Vivimos la VIDA con lo que DAMOS». ¿Qué le has dado últimamente a una amistad?

¿Le has dado a alguien tu sonrisa?
¿Has compartido su risa?
¿Y un abrazo?
¿Has halagado a alguien hoy?
¿Le has dicho a alguien lo mucho que lo estimas?
¿Has escuchado con sus ojos y sus oídos?
¿Has ayudado a alguien herido?

¿Te esforzaste por ser bondadoso?

¿Estás dispuesto a compartir su tiempo y su vida?[15]

Como alguien dijera: «A ti no se te gasta la luz de la vela al encender otra». ¡Arriésgate! Haz algo fuera de lo común. Haz nuevas amistades. Haz una buena obra. Aunque empieces tarde, ¡jamás es tarde para hacer algo significativo con tu vida!

Haz todo el bien que puedas de todas las formas que puedas, en todas las maneras que puedas, en todos los lugares que puedas y todas las veces que puedas a todas las personas que puedas mientras puedas.

John Wesley

Llena tu vida de experiencias y no de excusas.[16]

¡Quien ríe último piensa más lentamente!

La vida es una decisión.
Puedes decidir ser un viejo de treinta años
o ser un joven de setenta.
¡Eso lo decides TÚ!

Errores en los boletines de la iglesia:
    «No permitas que te maten las preocupaciones.
¡Deja que la iglesia ayude!»
    «Las damas de la iglesia se despojan de ropa. El
que desee puede verlas en el sótano de la iglesia
todos los viernes».

    «¿Qué obtiene el hombre de todo su trabajo con
que se afana debajo del sol?» (Ec 1.3).
    ¡ARRUGAS![17]

Mañana me podría pasar cualquier cosa,
pero al menos ayer ya no me puede pasar nada.
                            Ashleigh Brilliant
                            Disparo 4374, © 1988

    La mediana edad es cuando a uno le importa más
cuánto le va a durar el auto... que la velocidad que
puede alcanzar.
    Dos parejas de abuelos llegaron al hospital juntos
para ver a sus nietos recién nacidos. Simplemente
bajarse del auto fue una proeza, ya que los cuatro
estaban en distintas etapas de recuperación de ope-
raciones en las rodillas y reemplazo de caderas. A

medida que el cuarteto cojeaba hacia la entrada del hospital, con andadores y bastones, uno de ellos comentó: «¡Ojalá que no nos ingresen en el hospital antes de llegar a la sala de maternidad!»18

Súbitamente mío

Oh Señor
Que pueda creer en las tinieblas
Cuando se haya desvanecido
    toda esperanza
Cuando las olas golpeen furiosamente
Y no haya luz de estrellas en mi cielo.
Que pueda creer sin sentir
Conocer o probar
Hasta algún momento iluminado cuando
Quebrantes las tinieblas
Y todo lo que he creído
Súbitamente sea mío.

Ruth Harms Calkin19

Anuncio clasificado

En venta: mesa antigua apropiada para una dama con piernas gruesas y enormes gavetas.

Después oí la voz del Señor, que decía: ¿A quién enviaré, y quién irá por nosotros? Entonces respondí yo: Heme aquí, envíame a mí (Isaías 6.8).

Recuerdos preciosos:
Cómo nos dejan

Jóvenes en el corazón,
un tanto más viejos en otros lugares.

Cuando damos conferencias y seminarios, Bill y yo nos llevamos varias libras de iridiscentes chavetas remachadas. Se las damos a las mujeres que visitan nuestra mesa de libros, diciéndoles que las chavetas son «salpicaduras de gozo» para ponerlas en el alféizar de la ventana, y así, cuando brille el sol en el metal reluciente, recuerden las bendiciones de Dios. Es muy divertido regalar estos destellos planos, suaves y verdes; ¡ya debe haber más de una tonelada de ellas en circulación por ahí!

Cuando los fabricantes me envían las chavetas en pequeñas bolsitas de cada color, rojo, lila, azul, ámbar, púrpura y verde, están cubiertas de un residuo de polvo. De manera que debo desatar cada montón y ponerlas en el fregadero y lavarlas. Luego las coloco sobre una enorme toalla y las seco para que estén limpias, brillantes y lustrosas cuando las entreguemos en la mesa de los libros.

Hace poco un reportero de cierta revista me llamó mientras me ocupaba de esta tarea. Dijo que estaba llamando a varios autores y a otras personas para averiguar *precisamente* qué hacían en ese preciso momento.

—Bueno —dije, preguntándome cómo sonaría esto—. Estoy lavando mis chavetas en el fregadero.

No respondió inmediatamente. Al rato preguntó:

—¿Quién dice que es usted?

—Soy Bárbara Johnson —respondí, aunque ya se lo había dicho cuando contesté el teléfono.

—¿La autora cristiana?

—Bueno, sí, yo...

—¿Y está lavando sus chavetas?

Ya en ese momento estoy segura de que se preguntaba si había marcado el número equivocado y comunicado con un asilo de locos. Finalmente me dio tiempo de explicarle que siempre lavo las salpicaduras de gozo que damos en las reuniones y otras convenciones. Nos reímos bastante por su reacción inicial. Entonces le dije que lavar mis chavetas me ayuda a recordar cómo Dios lava y limpia nuestras vidas. Nuestras togas de justicia se ensucian con inmundicias, y Dios nos limpia. Su amor lava todo el residuo que recogemos en la vida para que nuestras togas vuelvan a ser blancas, limpias y brillantes.

Muchas de mis amistades saben que me encanta hacer bromas sobre las chavetas, lavándolas mientras *pierdo* algunas. Por cierto, una amiga me envió una pequeña placa que decía:

Certificación de poseer la chaveta
Esto es para certificar que yo,
Bárbara Johnson,
poseo mi chaveta.
Jamás se me podrá acusar de perder la chaveta.

Al final del certificado, esta tonta amiga escribió: «Si todos tuvieran tus chavetas, ¡se viviría mejor en este mundo!»

La vida en la tierra de los locos

Mantener la chaveta se hace más difícil cuando envejecemos, ¿verdad? Realmente, desde nuestro punto de vista, es posible que parezca que todavía andamos viajando normalmente por la vida, pero otros se dan cuenta de que a veces nos deslizamos momentáneamente en la tontería: cuando se nos pierden los lentes para leer teniéndolos puestos, al bajar los comestibles después de ir al mercado y poner la guía televisiva en la nevera y la leche en el armario, al olvidar dónde estacionamos el auto cuando vamos de compra. Por supuesto, estas cosas le pueden pasar a cualquiera, pero parecen sucederle más a menudo a los viejos que a los jóvenes.

Las travesuras de la memoria

Para algunas de nosotras, el principal reto de nuestros años avanzados no es recordar nombres, rostros y acontecimientos que ocurrieron décadas atrás. Es recordar qué sucedió hace dos horas. Con cada paso que damos hacia el futuro, algunas aflojamos nuestra memoria RECIENTE. Francamente, no podemos recordar lo que acabamos de decir.

¡Y otro problema que tenemos es que no podemos recordar lo que acabamos de decir! (¡Solo es una broma!)

¿Has visto los ojos vidriosos de alguien cuando uno comienza un relato sobre alguna aventura? ¿Algún baratillo que encontró? ¿Alguna fiesta deliciosa que disfrutó? Sin duda lo has visto, es el mensaje que nos desconecta y dice: *Esta historia la he escuchado dos docenas de veces.* Si solo pudiéramos RECORDAR qué significan esos ojos vidriosos al verlos, ¡pero no! Seguimos parloteando, dilucidando detalladamente qué dijo quién y quién hizo qué y...

Ahora bien, ¿de qué hablaba? Ah sí, de recordar lo que acabamos de decir. Bueno, lo importante es que si vamos a repetir nuestros relatos interminablemente, le debemos a

Lo único que perdí esta semana fueron...

© Bárbara Johnson

mis lentes.

nuestras amistades y parientes los relatos que al menos
DIGAN ALGO y, aun mejor, QUE SEAN ENTRETENIDOS.

Este es el verdadero reto para algunas de nosotras, porque
salimos en una dirección y recordamos algo más impresio-
nante. Como dijo Ravi Zacharias, citando un sabio desconocido: «La vejez se evidencia cuando todo lo que escuchas te
recuerda otra cosa».[1] Uno comienza un relato sobre un viaje
en crucero por el Mississippi y, de buenas a primeras, anda
diciendo el tamaño de su calzado y la receta para manzanas

horneadas, pero... ¿para dónde iba yo con todo esto? Ah sí, ¡hacer que nuestros relatos sean interesantes y SIGAN SU CURSO!

Bueno, mi único VERDADERO consejo sobre este tema es que te aferres a tu sentido del humor a medida que pierdes tu entendimiento de la realidad.

Alguien me envió un pequeño consejo que dice: «Lo que conozco por haber vivido mucho es... que el sentido del humor ayuda. La memoria ayuda. Uno puede arreglárselas sin uno o la otra, pero cuando se pierden los dos, te has convertido en un vegetal».[2]

Una amiga me escribió una maravillosa carta que decía:

> Desde que soy abuela me parece que estoy en los años dorados. Trato de mantener una actitud animada y reírme mucho. Algunas veces no recuerdo de qué me estoy riendo, pero debe haber sido gracioso, así que sigo.
>
> Parece ser que la pérdida de la memoria es un gran factor en la vejez. Lo lindo es que mis amistades están en las mismas, ¡así que no se ofenden cuando me olvido porque ellos tampoco recuerdan! Si hago algo estúpido, no lo recuerdo lo suficiente como para sentirme avergonzada.

Aeróbicos mentales

Los expertos dicen que una de las mejores maneras de retener la memoria es ejercitar la mente. Eso no implica aprender un nuevo idioma ni intentar memorizar los nombres de cada uno en la Cámara de Representantes. Solo significa «permanecer mentalmente activo».

¿Y cómo se logra eso? La memorización de hermosos versículos de la Escritura es una de las mejores maneras. Poder repetir estos mensajes sanadores y consoladores no solo es una buena experiencia mental, ¡también es bueno para el alma! En tiempos difíciles, puede ser un salvavidas para recuperar la sanidad.

Un experto sugiere «leer y participar en actividades desafiantes como la carpintería, tocar piano y juegos como el ajedrez [o] chaquete ... Algunos estudios muestran que los jugadores de canasta tienen mejor memoria que los que no la juegan. Otros sugieren que hacer anagramas y crucigramas podría servir como mantenimiento mental. Favorece lo complejo por encima de lo sencillo, lo activo en lugar de lo pasivo. El ajedrez es mejor para tu cerebro que las damas. Pero las damas son mejores que mirar la televisión».[3] He aquí algunos trucos para activar tu memoria:

- **Adquiere todos los artículos.** Busca personas, computadoras y calendarios electrónicos que pueden recordarte cuándo debes tomarte la medicina o cortar el césped... Así que adelante, cómprate uno de esos llaveros que chilla al sonido de una palmada.
- **Toma notas.** En lugar de escribir una lista que podrías olvidar, trata de pegar notas en lugares obvios. Si tienes que llamar a tu hija por la mañana, pega una nota en algo que uses todas las mañanas, como la cafetera o la regadera.
- **Bloquea la puerta.** Si tienes que devolver los últimos éxitos en video a la tienda, no los pongas en la cocina, donde sin duda se te olvidarán. Ponlos en el piso, frente a la puerta.
- **Inventa estímulos para la memoria.** ¿Recuerdas cómo aprendimos el número de días de cada mes? Utilizábamos estos versitos: «Treinta días trae noviembre / con abril, junio y septiembre / y los demás treinta y uno / excepto febrero mocho / que solo trae veintiocho. / Si el año bisiesto fuere / febrero trae veintinueve». Usa esta técnica con una lista de compras. Si te hace falta lechuga, azúcar, servilletas, pollo, arroz y sopa, compón una canción o una rima que te recuerde lo que te hace falta. Si se te ocurre una imagen visual lo bastante rara, te sorprenderá cuán a menudo la recordarás.

- **Depende del recuerdo del estado anterior.**
¿Recuerdas cuándo entraste a la cocina marchando
con una misión solo para llegar y olvidarte de cuál era
la misión? Bueno, regresa al sofá de donde viniste. Los
estudios indican que volver al estado donde te
hallabas cuando tuviste el pensamiento ilumina tu
memoria.
- **Cuando tengas duda, tómate tu tiempo.** Muchos de
los problemas con la memoria son momentáneos. Así
que... espera un rato. ¿Cómo? Tómate un café. Puedes
toser y fingir que tienes un sapo en la garganta. Hasta
podrías detenerte en medio de la frase y elogiar la
corbata de alguien que está en la habitación. Muchas
veces, unos pocos segundos es lo único que hace falta
para recordar el escurridizo nombre.[4]

Esta última pista me recuerda una querida y canosa damita que conocí el año pasado en un retiro en Texas. Sus ojos
siempre despedían un destello alegre y la sonrisa jamás
abandonaba su rostro. Los lapsos ocasionales de su memoria
no la perturbaban para nada. En un momento alguien le hizo
una pregunta; ella se detuvo, pestañeó unas cuantas veces y
se puso el dedo índice sobre el labio esforzándose por recordar la respuesta. Finalmente dijo:

«¿Necesitas saberlo ahora mismo
o puedes esperar un poco?»

Esta dama podrá tener una memoria lenta, pero lo com-
pensa muy bien al mostrar un maravilloso humor. Esas
salidas ayudan a que las personas que nos rodean se den
cuenta de que la CALIDAD de nuestras mentes (¡al menos
en su mayor parte!) es tan buena como antes. ¡Es que hace
falta un poco más de tiempo echar a andar nuestros cerebros!
Todas hemos luchado tratando de recordar el nombre de
algún rostro que nos parece muy familiar. En otras ocasiones
el NOMBRE es familiar, pero el rostro es un misterio. Esa
clase de situación nos hizo reír hace poco cuando me dirigía

a un retiro de mujeres y una hermosa mujer afroestadounidense se me acercó después del almuerzo. Tenía una sonrisa muy brillante y amplia en su oscuro rostro, y su lustroso pelo negro estaba cuidadosamente entrelazado en docenas de trenzas pequeñas que se movían alegremente al caminar.

Con una risita traviesa, señaló su distintivo y se rió porque su nombre también era BÁRBARA JOHNSON. Ella dijo: «Bárbara, cuando pasé por la fila para el almuerzo, vieron mi distintivo y creyeron que era usted. ¡Me dieron el almuerzo gratis!»

Memoria lenta, humor rápido

Una de las cosas buenas acerca de la tecnología moderna es la multitud de pequeños equipos que se han desarrollado para ayudarnos a lidiar con los retos de la vejez. Uno de los mejores regalos que jamás haya recibido es un pequeño aparato en un llavero al que puedo hablarle para grabar recordatorios de treinta segundos. Mis amigas Marilyn Meberg y Pat Wenber me lo compraron para que cuando estacionara el auto en el centro comercial, simplemente pueda

«Siempre pierdo las llaves del auto, la calma, la memoria y la paciencia... ¡así que bajar de peso va a ser facilito!»

acercarme el llavero a los labios y decir: «Fila E, espacio 12»; y luego, cuando ando por la explanada preguntándome dónde diantres está mi auto, mi pequeño llavero me lo dirá exactamente (¡ESO ES SI RECUERDO APRETAR EL BOTÓN!).

Es una ayuda maravillosa para esos momentos cuando se acerca la cena y Bill no está en la casa y tengo el presentimiento de que olvidé algo. Cuando aprieto el botón, escucho mi voz recordándome: «¡No olvides buscar a Bill en el taller del mecánico a las cinco y media!»

Mis amistades me compraron este pequeño dispositivo porque hemos invertido mucho tiempo juntas durante el pasado año como parte de la gira *Joyful Journey* [Viaje gozoso]. Al estar en numerosos aeropuertos cambiando de aviones e itinerarios, me han visto escribir en mi mano el número del vuelo o el número telefónico del que me viene a buscar. En verdad, este pequeño dispositivo me lo envió Dios. ¡Es como tener una segunda mente! ¡Ahora puedo lavarme las manos sin borrar notas importantes!

Cómo revivir los buenos tiempos

Otra manera de ejercitar tus recuerdos, de no abusar de ello y quedarnos ATRAPADOS en el pasado, es evocar. Recuerda sucesos agradables tan a menudo como quieras; jamás se gastan. Los expertos dicen que evocar memorias queridas nos ayuda a preservar nuestras identidades y a mantener nuestra autoestima.

Bromeamos porque nuestras memorias se deterioran a medida que envejecemos, pero la verdad es que a menos que suframos una pérdida TOTAL de la memoria debido al Alzheimer o la demencia, nuestros cerebros nos sirven de sorprendentes bibliotecas. Una escritora sugirió que usáramos el increíble don de la memoria para el placer, como medio para aliviarnos y consolarnos. Ella escribe:

Aun si pierdes a menudo las llaves, se te olvida dónde estacionaste el auto o extravías papeles importantes, tu memoria almacena más información que todas las bibliotecas del mundo. Tu cerebro es mucho más sofisticado que cualquier computadora. Se te habrá podido olvidar un incidente, y entonces veinte años después algo estimula esa memoria, un olor, un sonido, una persona, una imagen, y al instante tu mente recuerda un montón de detalles sobre el acontecimiento.

Piensa acerca de cuántas voces reconoces en el teléfono. Una vez, cierta amistad con la que no había hablado en veinte años me llamó. Lo único que dijo fue: «Hola», y antes que pronunciara su nombre sabía quién era ...

Alguien comienza a recitar un canto de cuna o un relato que conocía cuando niña y todo vuelve a la memoria.

Otra manera de maravillarte de tu sorprendente memoria es sacar viejas fotografías. Cuando las mires, nota cuántas imágenes irrumpen en tu mente consciente ...

Evoca los tiempos pasados con otras personas. Antes de mudarme a Minnesota, una de las formas más saludables de facilitar la separación ... era hablar acerca de los momentos cruciales, de las maneras en que las personas se ayudaron mutuamente, los momentos en los que alguien se enojó o deseaba irse. Muchas veces alguien decía: «Ah, eso se me olvidó». Terminamos riéndonos, llorando y apreciando las riquezas de nuestras experiencias comunes, como si alguien hubiera traído un ingrediente para una torta y todas la hubiéramos preparado. Y, de una manera u otra, al rememorar todos aquellos recuerdos, nos era más fácil despedirnos pues sabíamos que esas memorias se quedarían con nosotros.[5]

Cómo contar recuerdos especiales

La memoria es una forma de inmortalidad. Los que recordamos jamás mueren; continúan andando y hablando con nosotros, y su influencia está con nosotros siempre y cuando los recordemos. Las memorias contadas también pueden ser un puente que nos traiga nuevas amistades. Eso fue lo que nos sucedió recientemente cuando me dirigía a una conferencia de mujeres en Boston.

Una encantadora muchacha se me acercó, obviamente entusiasmada por algo. Casi no podía esperar para averiguar qué era. Muy animada me dijo que hacía años había residido en Anchorage, Alaska, y que ahora vivía en Boston. Jamás había leído ninguno de mis libros ni había escuchado nada acerca de mí, pero había decidido venir a la conferencia de mujeres.

Durante mi presentación, le conté a la audiencia sobre el accidente automovilístico que sucediera hace muchos años en una región remota de Canadá, en el cual murió mi hijo Tim y su amigo Ron mientras conducían de regreso luego de haber estado varios meses en Alaska. Tim me había llamado solamente unas horas antes de morir; me dijo que se encontraba bajo un renacimiento espiritual, que había llegado a conocer al Señor de manera nueva y vigorizante, y que no podía esperar a llegar a casa para contarme. La próxima llamada telefónica de larga distancia que recibí fue de la Real Policía Montada de Canadá, diciéndome que ambos muchachos murieron a causa de un chofer ebrio. Mientras le describía a mi audiencia cómo nuestra familia enfrentó aquel momento descorazonador, alzaba una foto del rostro sonriente de Tim.

¡Entonces fue cuando esta encantadora muchacha se percató de que *había conocido a Tim en Alaska*! Es más, estuvo en la reunión de oración a la cual él asistió la noche antes de abandonar Anchorage para regresar manejando a California. Fue parte del grupo que oró por Tim y disfrutó de la emoción que sentía en cuanto a volver a casa para contarle a su familia el nuevo gozo que había encontrado.

La joven dama dijo que cuando presenté la fotografía y vio el rostro de Tim, «todo coincidió». De pronto recordó que estuvo sentada con Tim, cantando y levantando sus manos

en alabanza, la salida de Tim emocionado y gozoso, antici-
pando el viaje de regreso a California, obviamente debido a
su nueva relación con el Señor. La muchacha estaba muy
contenta por haber podido compartir este recuerdo conmigo;
de pronto, dijo ella, era como si todo hubiera sucedido ayer
en lugar de hace más de veinte años.

Qué momento agridulce fue para ambas, y cuán refrescante fue para mí ver su gozo al contarle este recuerdo a
alguien (¡yo!) para quien significaba tanto. Luego me envió
fotografías de esa reunión de oración y, una vez más, pude
ver el rostro sonriente de mi hijo en medio de un grupo de
jóvenes entusiastas.

En verdad, la memoria es una cuenta bancaria mental. En
ella depositamos los tesoros de nuestras vidas para que, en
los tiempos de necesidad, podamos sacar esperanza y valor.
Estos tesoros son memorias grandes y pequeñas: salpicaduras de gozo que van desde un toque en la espalda, la belleza
de la luna llena durante una noche especial, encontrar un
espacio vacío para estacionarse cuando andamos muy de
prisa, hasta disfrutar de un glorioso atardecer con alguien
que amamos. ¡Recordar todas esas cosas memorables y felices puede hacernos sentir como millonarios mentales!

Risa en el cementerio

Para Tim y yo, un recuerdo especial fue una comida de
hamburguesas. Nos parábamos muchas veces allí cuando
estaba aprendiendo a manejar. En ese entonces Bill se recuperaba de los devastadores efectos de un accidente,[6] así que
a mí me tocó el entrenamiento automovilístico. Sin duda,
durante esas semanas aprendí la verdad de la cancioncilla que
dice:

> Mi nervios están agitados;
>   mi pelo se ha blanqueado.
> Mis rodillas chocan entre sí;
>   estoy temblando de miedo.

Toda mi vida pasa frente a mis ojos.
«Querido Señor, por favor, ¡quédate conmigo!»
Grité con urgencia.
Tengo el corazón en la garganta,
    pero por lo menos estoy viva.
¿El problema?
    ¡Le estoy enseñando a mi hijo a manejar!

Podría parecerle extraño a los que jamás hayan intentado encontrar un lugar seguro y tranquilo en la ciudad donde un muchacho pueda aprender cómo manejar sin enfrentarse a las congestiones de tránsito y las autopistas de varios carriles, pero Tim y yo elegimos un cementerio cercano. Era pacífico y hermoso, ¡y lo que más me gustaba: el límite de velocidad era veinticuatro kilómetros por hora! Manejábamos alrededor de los hermosos patios durante un rato, después salíamos para el lugar de las hamburguesas, donde me recuperaba de la experiencia y Tim se hartaba de papas fritas y carne molida. Entonces volvíamos al cementerio y una vez más tratábamos de negociar todas las curvas.

Parece que fue ayer cuando pasamos esas encantadoras tardes juntos. Como dice el Salmo 90.4:

Porque mil años delante de tus ojos son como el día de ayer, que pasó, y como una de las vigilias de la noche.

Alguien ha dicho: «El ayer es un cuarto secreto en tu corazón en donde mantienes las memorias de otros años». En este cuarto secreto abrigamos la risa de otro momento y escuchamos una vez más las melodías de cantos medio olvidados. El hoy está lleno de premuras y el mañana es un misterio, pero nuestro ayer es un tesoro que debe quererse y disfrutarse una y otra vez. Hay un encantador verso que dice:

El corazón es como un baúl de tesoros lleno
de recuerdos;

ahí es donde guardamos los recuerdos reunidos
a través de los años.

Han pasado años desde que Tim y yo manejábamos lentamente por ese hermoso cementerio, dando vueltas hasta
que aprendió a conducir. Ahora la tumba de Tim está allí,
junto a la curva por la que manejábamos juntos. Hace poco
estuve en ese lugar, parada al lado de su tumba, recordando
cómo nos reíamos mientras manejábamos por ese sendero en
el cementerio, disfrutando juntos del día.

Mientras revivía esos agridulces recuerdos, podía ver un
auto pequeño curveando por el mismo sendero por donde
Tim y yo pasamos hace varios años. En el asiento del pasajero
había una joven madre, quizás de treinta y cinco años de edad
y manejando el auto podía ver a un nervioso joven de unos
quince años. A medida que el auto se acercaba a donde estaba
parada, quería gritarle a la madre: «Disfruta del paseo con él
ahora, mientras puedes. Memoriza tu experiencia, ¡y ve y
cómete una hamburguesa para celebrar!»

Antes de que me diera cuenta, mi corazón sonreía y fluyó
un gran sentimiento de paz en todo mi ser. Agradecí ese
recuerdo agridulce de un tiempo tan remoto.

El tapiz de nuestras vidas

Evocar nos ayuda a poner nuestras vidas en perspectiva.
A medida que envejecemos podemos ver cada etapa, cada
recuerdo se ajusta al gran esquema de las cosas. Mi vida ha
incluido penas así como alegrías. Y todas esas emociones,
todos esos recuerdos agridulces, han creado lo que me gusta
considerar un tapiz brillante, colorido y tejido con fuerza.

Los momentos felices son los hilos dorados que atraen la
luz solar, alegran el corazón. El brillante diseño fue obra de
nuestros niños y después los nietos, cuyos hilos resplandecientes dan un toque, una salpicadura de vívido color, que
realzan la textura de la tela. Los hilos negros y sombríos que
atenúan lo llamativo del tapiz se tejieron dolorosamente, a
medida que soportábamos las dificultades de la vida.

Algunos hilos en mi tapiz están raídos. Otros están rotos. Pero el tapiz continúa intacto porque otros hilos, tan invisibles como el amor pero tan fuertes como los brazos eternos, están entretejidos entre los débiles manteniendo unidas las delicadas fibras.

Mientras evoco, pienso en cómo entretejemos nuestro camino a través del gozo y la pena, los tiempos buenos y los malos, dando esplendor a los triunfos de cada uno y apoyándonos en momentos de prueba. Y en cada lazo y nudo de nuestras vidas juntos, veo la mano de Dios.

La EDAD es sobre todo un problema mental.
Si no te molesta, no importa.[7]

PRONÓSTICO DE HOY: Parcialmente racional con breves períodos de pensamiento coherente que se disipan en medio de una total apatía esta noche.[8]

Lo que da vueltas, da vueltas... y te golpeará en la cabeza cuando vuelva de vuelta.[9]

BUENAS NOTICIAS: Al fin descubrí la Fuente de la Juventud.

MALAS NOTICIAS: A mi edad, se me olvidó lo que quería hacer con ella.[10]

Lo único bueno de la disminución de mi memoria es que me ha acercado a mi madre, porque ambas olvidamos todo al mismo tiempo.[11]

Jamás le preguntes a los viejos cómo están si tienes alguna otra cosa que hacer ese día.

Joe Restivo

La menopausia es la venganza de una madre por todos los momentos en que la hiciste perder su paciencia después de los cincuenta años de edad.[12]

Mi mente no solo divaga,
a veces se va por completo.

Uno de los beneficios adicionales de olvidarse de nombres y rostros: ¡Uno sigue conociendo gente nueva todos los días![13]

Una damita anciana tuvo que ir al ginecólogo. Su esposo la llevó a la oficina del médico y aguardó en la sala de espera.

Cuando la anciana se acomodó en el cuarto de evaluación, el médico le preguntó:

—¿Tienen usted y su esposo orgasmo?

—Voy a preguntarle a mi esposo —dijo la mujer, saltando de su silla y saliendo por el pasillo. Entonces abrió la puerta en la sala de espera y gritó—: Jorge, ¿todavía tenemos orgasmo?

Su esposo gruñó desesperado y le gritó:

—¿Marta, cuántas veces tengo que decírtelo? ¡Lo único que tenemos es el Seguro Social!

No hace falta tener una buena memoria,
A menos que tenga algo bueno que recordar.

Ashleigh Brilliant
Disparo 3227, © 1985

Buenas tardes, bienvenido a la línea telefónica siquiátrica.

Si es obsesivo empedernido, por favor presione el 1 repetidamente.

Si es codependiente, por favor pídale a alguien que presione el 2.

Si tiene personalidades múltiples, por favor presione el 3, 4, 5 y 6.

Si es paranoide delusorio, no haga nada. Sabemos quién es usted y lo que quiere. Simplemente quédese en la línea hasta que rastreemos la llamada.

Si es esquizofrénico, escuche cuidadosamente y una vocecita le indicará qué número debe marcar.

Si es depresivo, no importa cuál número marque. Nadie responderá y de todas maneras nada va a cambiar.

Si tiene el complejo de Edipo, pídale a su madre que le ayude a marcar el 2.

Si tiene el trastorno de falta de atención, no podemos ayudarlo porque quizás ya colgó.[14]

He aquí, tú amas la verdad en lo íntimo, y en lo secreto me has hecho comprender sabiduría (Salmo 51.6).

Las abuelas son
muñequitas antiguas

¡Los nietos son la recompensa de Dios
por haber sobrevivido la crianza de sus hijos!

El primer día que me sentí vieja está impreso en una imagen agridulce que acosa mi memoria. Visitábamos a nuestro hijo menor, Barney, y a su adorable esposa, Shannon, y disfrutábamos de las graciosas payasadas de nuestra preciosa nieta, Kandee. Mientras se entretenía con el juguete nuevo que le llevamos, la pequeña Kandee, que acababa de celebrar su primer cumpleaños, miró de repente a Barney y le sonrió con sus dos dientecitos. La niña se viró, le agarró la rodilla y golpeándola excitada le decía: «¡Paaapaaaá! ¡Paaapaaaá! ¡Paaaapiii!»

Ese fue el momento cuando la vejez se acomodó a mi puerta, al llamar esta maravillosa criatura a mi hijo menor «Papi».

No parecía posible. Después de todo, Barney era el más joven de nuestros cuatro muchachos, a quien hace solamente unos años llevé a casa desde el hospital en una brillante media roja de Navidad, o al menos me *parecía* que habían transcurrido unos pocos años. De una manera u otra me fue fácil aceptar que se casara y se mudara a otro lugar. Es más, que se hubiera marchado a vivir independiente nos dio un nuevo sentido de libertad para aprovechar las muchas oportunidades que nos aguardaban en los años venideros.

Cierto, hubo momentos de confusión cuando Barney y Shannon nos dijeron que estábamos a punto de ser abuelos. Por supuesto, estábamos gozosos, pero hicimos una momentánea pausa en nuestra celebración mientras considerábamos los nuevos títulos que estábamos a punto de adquirir. Sin embargo, cuando Kandee nació, olvidamos toda vacilación, la acurrucamos en nuestros brazos y practicamos el idioma infantil que ya habíamos olvidado.

Pero ahora ahí estaba un bebé gateando y moviéndose por cuenta propia y obviamente comenzando a pensar por su cuenta. ¡Y LLAMABA A *MI* HIJO «PAPI»! Sí, en ese momento me sentí vieja.

Ahora bien, cada una de nosotras responde de forma diferente a la condición de abuela. Una escritora dijo:

> Quería ser abuela y me tambaleaba al borde de la senilidad y la muerte. No podía concentrarme por mucho tiempo, la paciencia escaseaba y comenzaba a olvidarme de todos los juegos curiosos y las rimas de guarderías ... En unos años, tiraré al bebé al aire y olvidaré agarrarlo ... Quería que las personas se detuvieran en el mercado y dijeran: «¡Tu bebé es hermoso!» Entonces me abanicaría con media libra de tocino y protestaría: «Ah, por faaaaaaaaavor, soy la abuela».[1]

¿Acaso no sería maravilloso que nos vieran como los padres de la criatura y no como sus abuelos? Es mucho mejor de esa manera que de la otra. Mi amiga Susana tuvo una horrorosa experiencia al cumplir los treinta años y dar a luz una bella niña.

Es cierto que en su primer viaje a solas fuera de la casa, luego de que naciera el bebé, se veía un tanto desaliñada, con canas prematuras, gorda y sin maquillaje. Avanzó hacia una tienda de bebés para comprarle algo con vuelos para su hija. Sacó un hermoso vestidito y lo llevó a la cajera.

«Ah, ¡qué lindo!», exclamó la vendedora. «¿Acaso es para su NIETA?»

Susana dijo que eso la molestó tanto que llamó a su esposo y le dijo que llegaría un poco tarde a casa. Entonces manejó directamente al salón de belleza llorando, empujó la puerta y aulló: «¡Esto es una emergencia! ¡Hay que eliminar estas canas!»

EL CÍRCULO FAMILIAR Por Bil Keane

Derechos reservados 1978.
The Register and Tribune
Syndicate, Inc.

«Mami, cuando te pongas vieja,
¿cuántos nietos vas a tener?»

Gozos olvidados

Como alguien dijera, los nietos «hacen que nos detengamos en camino al cielo». Con su llegada, un ciclón de emociones nos embarga, desviándonos temporalmente del viaje hacia la vejez. En cuanto nos recuperamos de la impresión de que nos llamen «Abuela», la mayoría de nosotras se siente invadida por nuevas energías juveniles e intereses que jamás creímos poseer: ver los cambios en las formaciones de nubes o tirar piedras en lagunas, o ver ardillas jugando en la copa de los árboles.

Miramos esos pequeños rostros y vemos una mezcla milagrosa de generaciones y genes: los pómulos de un abuelo, los ojos de una madre, los hoyuelos en los cachetes de un hermano. Y ese nuevo y fresco rostro compuesto de partes familiares nos recuerda los seres amados vivos y muertos, todas las emociones y la historia disfrutada con ellos.

¡Los nietos verdaderamente son un gozo!

PERO...

También cansan.

Y ellos (¡y sus padres!) pueden ser bastante exigentes.

Y algunas veces viven demasiado lejos como para visitarlos a menudo.

Y algunas veces viven demasiado cerca como para no tener privacidad ni «tiempo libre».

Y algunas veces las otras responsabilidades o problemas que tenemos (profesiones, nuestros padres necesitados o relaciones tensas) pueden hacer que el llegar a abuela sea algo arduo.

Sin importar cuáles sean nuestras situaciones, debemos orar por paciencia y esforzarnos por ser las mejores abuelas que podamos, dando ejemplo de un amor como el de Cristo a nuestros nietos en cada oportunidad.

Max Lucado no hablaba específicamente sobre el ser abuela cuando escribió las siguientes frases de aliento para los que «quieren hacer algo en el mundo», pero es fácil ver cómo esta clase de «vida santa» podría ser un un poderoso ejemplo para los pequeños que nos observen. Escribió:

¿Quieres marcar una diferencia en tu mundo?
Vive en santidad:
Sé fiel a tu cónyuge. Sé quien ... se niega a engañar. Sé el vecino que actúa amigablemente. Sé el empleado que hace su trabajo y no se queja. Paga tus cuentas. Haz tu parte y disfruta la vida. No des un mensaje y vivas otro.

Fíjate en la última línea de las palabras de Pablo en 1 Tesalonicenses 4.11-12 [*Dios habla hoy*]: «Procurad vivir tranquilos y ocupados en vuestros propios asuntos, trabajando con vuestras manos, como os hemos encargado, para que os respeten los de fuera y para que nada os falte».

Una vida pacífica lleva a los inconversos a respetar a los creyentes ... Si la vida de Juan [el Bautista] no hubiera concordado con sus palabras, su mensaje habría caído en oídos sordos.

Así ocurre con nosotros. La gente observa la forma en que actuamos más que oír lo que decimos.[2]

Los niños están especialmente inclinados a observar «la forma en que actuamos más que oír lo que decimos». Qué regalo podemos darles cuando les mostramos esta clase de ejemplo. En estos días muchos niños tienen a sus padres trabajando y una manera de vivir siempre apresurada. ¡Cada día andan apurados de la casa a la escuela, a la práctica de fútbol (o la clase de baile), a la guardería, a la cena, a las tareas y a la cama! ¡Ah! ¡Y pensar que muchos llevan esta rutina toda su vida!

Un refugio en el jardín de abuela

Piensa en el refugio que le damos a estos nietos cuando los invitamos a disfrutar una tarde agradable y pacífica en el zoológico, o a «trabajar» en nuestros jardines o buscar mariposas en el parque. El que sean el centro de atención, aunque por un breve tiempo, les dan el mensaje, mejor de lo que puedan hacerlo las simples palabras, de cuánto los amamos.

Imagínate lo que sería que los brazos de una abuela nos abrazara y la escucháramos orar amorosamente: «Gracias, Señor, por este querido niño, ¡por el gozo que me da y lo orgullosa que estoy de él! ¡Gracias por darme tan maravilloso regalo para amarlo!»

Por supuesto, no es tan bueno imaginarse esa escena. En lugar de eso, ¡haz lo mejor que puedas por HACERLO cuando puedas!

Superabuelas

Por cierto, en estos días muchas abuelas se enfrentan al mismo tipo de presiones con que luchan los nietos y los padres. La mayoría de nosotras creció con la imagen estereotipada de una abuela que lucía como una pequeña mujercita linda con pelo blanco enrollado, sentada en una mecedora con un delantal, pelando manzanas para hacer una torta; pero esa imagen quizás describe con mayor precisión a NUESTRAS abuelas que a las madres de nuestros nietos (¡nosotras!).

Alguien me envió un pequeño recorte, sin identificar la fuente, que describe un tanto mejor a las abuelas contemporáneas. Dice: «Échate a un lado, Supermujer. Aquí viene Superabuela, ¡esa pelota de fuego mayor de cincuenta años que tiene una licencia de piloto, es abogada y ostenta un doctorado en ciencias políticas!»

Es cierto. Muchas mujeres pasan la marca del medio siglo al subir la escalera corporativa, o el monte Everest. La astronauta Shannon Lucid no es la única mujer canosa que anda superando marcas y realizando sorprendentes logros en lo que se llamaba la mediana edad (¡ni siquiera la VEJEZ!). Creo que este pequeño poema lo resume bastante bien:

Superabuela

No la busques en la mecedora,
Abuelita no está allí.
Está apagando un incendio
O hablando en el Senado.

Podría estar en la cabina
O sacando un apéndice,
O inspeccionando tubos de ensayo
O hablando desde un púlpito.

Podría estar de gira promoviendo su libro
O sirviendo como cocinera.
O dirigiendo una compañía
En una gran Corporación.

Mucho ha cambiado en el mundo
Ella se mantiene al día.
Pero en algo no ha cambiado:
¡Sigue amando todavía!

Ann Luna

El juego de mostrar la abuela

Simplemente imagínate qué pasa en la actualidad en las aulas escolares el Día de los Abuelos, mientras los orgullosos estudiantes presentan a sus invitados. ¿Acaso no puedes oír a los estudiantes decir: «Mi abuela trabaja en un banco», o «Mi abuela es médica», o «Mi abuela es profesora»? Las presentaciones más sorprendentes, y sin duda surgirán, serían: «¡Mi abuela es PRESIDENTA!» o «¡Mi abuela es una TRAPECISTA!»

En verdad, aunque estos títulos sin duda impresionarían a los adultos en el aula, tal vez no significan mucho para los muchachos. Frente a sus compañeros de clase, les agradaría alardear de que sus abuelas son pilotos de aerolíneas o bomberas, pero es muy probable que eso NO sea lo que más les interesa. Lo importante para la mayoría de los nietos jóvenes no son los TÍTULOS sino el TIEMPO. Ese parece ser el sentir del siguiente ensayo. No sé quién lo escribió, pero ella obviamente tenía una maravillosa abuela.

¿Qué es una abuela?

Una abuela es una dama que no tiene niños propios. Le gustan los niñitos de otras personas. Un abuelo es la versión masculina de una abuela. Sale a caminar con los muchachos y hablan de la pesca y de tractores y cosas por el estilo.

Las abuelas no tienen que hacer nada más que estar presentes. Están tan viejas que no pueden esforzarse mucho jugando ni corriendo. En lugar de eso nos llevan manejando al mercado donde está el caballo mecánico y tienen muchas monedas listas. O nos llevan a caminar y se detienen a mirar gusanos y hojas bonitas. Jamás dicen «apúrate».

Casi siempre las abuelas son gordas, pero no tanto como para no poderse amarrar los zapatos. Usan lentes y ropa interior cómica. Se pueden sacar los dientes y las encías de la boca.

Es mejor que las abuelas no escriban a máquina ni jueguen cartas, excepto con nosotros. No tienen que ser inteligentes, solamente responder a preguntas como: «¿Por qué los perros persiguen a los gatos?» o «¿Por qué Dios no está casado?»

Las abuelas no hablan como bebés, como hacen los desconocidos, porque es difícil de entender. Cuando nos leen no tratan de saltar páginas y no les molesta repetir el mismo relato una y otra vez.

Todo el mundo debería tener una abuela, sobre todo si no tiene TV, porque son los únicos adultos que tienen tiempo.

Los niños tienen una habilidad especial para llegar a la médula de las cosas, ¿verdad? Eso me recuerda un relato que escuché acerca de un niñito que lo cuidaba su abuela. El niñito tenía muchas preguntas, a las cuales su abuela trató de responder con paciencia. Pero al preguntar: «¿Cuántos años tienes?», ella respondió: «Cariño, no se supone que le preguntes la edad a las damas».

Entonces dijo: «Bueno, ¿cuánto pesas?»; a lo cual le respondió lo mismo.

Entonces dijo: «¿Por qué tú y abuelo se divorciaron?» Finalmente irritada contestó: «Eso no te interesa. Ahora vete a jugar».

Más tarde durante el día, el niñito encontró el bolso de la abuela. Lo registró buscando dulces y en su lugar encontró la cartera, incluyendo su licencia de conducir. Entusiasmado, el niñito salió corriendo y le dijo a su abuela: «Sé cuántos años tienes, cuánto pesas... ¡y hasta por qué tú y abuelo se divorciaron!»

Le preguntó cómo era posible que supiera eso, y él contestó orgulloso: «Te divorciaste porque sacaste una F en SEXO!»

Divertido día de fiesta

Una de las funciones más importantes que tenemos los abuelos es sentarnos en la audiencia mirando a la tarima y dirigiendo cada oleada de aplausos cuando nuestros nietos hacen algo en determinado lugar, ya se trate de programas equinos, debates competitivos o concursos de gimnasia. A los niños les encanta que estemos allí, ¡así que tratamos de quedarnos despiertas y aparentar interés!

Algunos de los relatos más cómicos que haya escuchado describen las payasadas de los niños en presentaciones navideñas. Por supuesto, en el momento es posible que no hayan sido tan jocosas, pero pocos años después se convierten en el momento más importante de una reunión familiar.

Uno de los relatos favoritos de nuestra familia trata de Larry, nuestro despreocupado hijo que siempre andaba enredado en travesuras. Un año, cuando se suponía que debía presentarse en el programa navideño de nuestra iglesia para cantar «En la noche los pastores a sus ovejitas velan», «ensayó» varias semanas en la casa cantando jocosamente: «En la noche los pastores a sus calcetines lavan».

Toda la familia se moría de la risa cada vez que cantaba ese estribillo; es más, en cierto momento le ofrecí cinco dólares

si se paraba frente a la iglesia y, como Frank Sinatra, lo hacía
«a su manera». (¡Creo que yo también ando perpetuamente
haciendo travesuras!)

Bueno, la simple sugerencia lo horrorizó y me acusó de
sobornarlo para que «cometiera un crimen». En la noche del
programa navideño, su estómago se revolvía y su pequeño
corazón se agitaba nervioso. Se paró en su «lugar» en la
plataforma, un tanto tembloroso, aspiró y, ya sabe, con ino-
cencia gritó: «¡En la noche los pastores a sus calcetines lavan!»

Ese fue el programa navideño más memorable de nuestra
familia. Pero no éramos los únicos metidos en el asunto de
los engaños inocentes durante los días festivos. Alguien me
envió esta pequeña colección de payasadas en presentaciones navideñas, y cada vez que las leo las disfruto una y otra
vez:

- Unos días antes de Navidad entré al cuarto donde
  jugaba mi hijito, a tiempo para escucharlo cantar
  «Niño Santo, cantas tanto...»

- Mientras la clase de arte preparaba la escena navideña
  en el patio de la escuela, uno de los niños preguntó
  inseguro: «¿Dónde ponemos a los tres sabiondos?»

- Entonces están los cuatro jóvenes en la presentación
  navideña, cada uno llevando una letra para formar la
  palabra «A-M-O-R», pero subieron al revés,
  deletreando accidentalmente «R-O-M-A».

- Después que la clase de Escuela Dominical cantó
  «Noche de paz» y escuchó el relato de la Navidad, la
  maestra sugirió que dibujaran la escena navideña. Un
  niñito terminó primero. La maestra alabó su dibujo
  del pesebre, de José, de María y del niño Jesús. Pero
  una mujer a un lado del pesebre la desorientó.
  «¿Quién es esta?», preguntó.
  «Ah, esa es Bella, la que anuncia a Jesús», replicó el
  niñito.

Abuelas a la antigua

Una amiga me contó sobre algunos abuelos que le estaban enseñando a su nietecito un camión de bomberos. El abuelo le explicó al pequeño que «antigualla» implicaba que el camión de bomberos era muy VIEJO. El niño pensó un momento y entonces preguntó: «¿Entonces TÚ eres una ABUEGALLA?»

¿Verdad que ese es un gran título? Me parece que mejora nuestra condición y, a algunas de nosotras nos adjudica un «valor mercantil» más alto, ¿cierto? ¡En verdad es más agradable que creamos ser «antiguallas» en lugar de VIEJAS! Y, de todas maneras, en estos días algunas de las cosas que se venden como antigüedades realmente son bastante recientes. ¡Uno se sorprende al asistir a tiendas de antigüedades y ver cosas que usamos hace solamente unos años (al menos PARECIERA que fue solo unos pocos) vendiéndose como tesoros para coleccionistas!

Un pequeño artículo noticioso recientemente anunció la sorpresiva edad de un producto que muchas deseamos haber tenido al comenzar nuestra tarea como madres: pañales desechables. El artículo decía que los de la marca *Pampers* cumplieron treinta y cinco años el año pasado, porque se inventaron en 1956. Es irónico, pero el inventor fue un HOMBRE al que se le ocurrió la idea mientras cuidaba a su nieta y «se iniciaba en los gozos de cambiar y lavar pañales».[3]

Momentos especiales con abuela

Ser abuela quizás es más divertido cuando los nietos son pequeños, cuando algunos de los mejores momentos que podemos disfrutar surgen de HACER cosas con los pequeños. Una McManus me dio varias buenas ideas en «Grandma, Let's Play» [Abuela, vamos a jugar], un artículo que escribió para la revista *A Better Tomorrow* [Un mañana mejor]. Algunas de sus sugerencias son:

- **Escribir cartas de amor.** En cuanto nazca un nieto, escríbele cartas con regularidad ... Cuéntale a tu nieto

acerca de ti, sobre tu nacimiento y tu desarrollo ...
Guarda las cartas en una caja atractiva hasta que el
niño sea lo bastante mayor como para apreciarlas ...
[Entonces] encuaderna tus cartas en un «libro de
amor».

- **Mantén una gaveta para «cositas».** Durante sus
  primeros años, a tus nietos les encantará tener una
  gaveta propia en tu hogar. Llénala con cositas
  coleccionadas para ellos, como jabones gratuitos,
  juguetes de cajas de cereal, jaleas, lapiceros curiosos,
  artesanías caseras y pequeños recuerdos o tarjetas
  postales de viajes.

- **Juntos pueden hacer tarjetas caseras.** Cuando un
  nieto viene de visita, siéntense juntos a la mesa del
  comedor y hagan una lista de cumpleaños de
  familiares, aniversarios, graduaciones y otras
  celebraciones. Entonces saca papel, lápices, revistas y
  tarjetas viejas ... goma y tijeras, y ponte a trabajar
  haciendo tarjetas caseras de felicitación ...

- **Regálale un recuerdo fotográfico.** Manda a revelar
  copias adicionales de fotografías y/o reimpresiones
  de las mismas. Entonces puedes crear un álbum
  familiar de fotografías para cada nieto ... Invierte una
  noche o un domingo en la tarde para revisar el álbum
  con el niño. Usa cada fotografía como trampolín para
  contarle acerca de la persona y el lugar ...

- **Decora panqueques.** Cuando los nietos se queden a
  pasar la noche, haz un desayuno divertido creando
  juntos «panqueques con rostros cómicos». Pasas,
  cerezas, decoraciones de tortas y recortes de frutas
  pueden servir como cejas, bocas y narices ... Permite
  que el niño derrame, decore y pruebe tanto como
  quiera ...

- **Enseña un arte.** Quizás puedas tomar lecciones con tus nietos para aprender algo nuevo como esquiar, caligrafía o cómo hacer marionetas ...
- **Comienza la tradición de la «Semana de los abuelos».** Invita a los nietos por una semana durante el verano y dedícale esa semana a sus intereses.[4]

Los años de la adolescencia

Aunque los años más jóvenes podrían ser los más divertidos, la mayoría de las abuelas disfrutan una relación mucho más significativa con sus nietos en camino hacia la adolescencia y durante los años que ella dura. Estos son los momentos cuando los niños tienden típicamente a rebelarse contra los padres y sus expectativas. Así que muchas veces acuden a sus abuelos para recibir solaz durante esos momentos turbulentos, sobre todo si los ancianos les han mostrado amor incondicional durante los años de crecimiento en la niñez.

Hace poco escuché a alguien evocando el pasado, diciendo que cuando era adolescente había huido muchas veces a la cocina de su abuela tras alguna discusión con sus padres. Allí encontró aceptación incondicional.

«Ella jamás hacía muchas preguntas», decía el joven. «No tomaba partido. En verdad no hablaba mucho. Simplemente abría la puerta, y su corazón, y me dejaba entrar. Quizás parte del alivio que sentí estando con ella era que mis padres siempre esperaban mucho de mí, y abuela no esperaba NADA de mí, excepto que le permitiera amarme».

Esta abuela quizás jamás había leído ninguno de los libros de autoayuda que salen en estos días, ofreciendo sabio consejo sobre cómo alcanzar a los adolescentes cuando sufren crisis familiares. Pero mostró gran sabiduría al abrirle su corazón y especialmente al ESCUCHAR con imparcialidad.

Un experto recomienda un límite de doce palabras para los padres (y sin duda también resultaría para los abuelos) durante conversaciones con sus niños. El artículo decía: «Los adolescentes están demasiado acostumbrados al precipitado cuestionamiento de sus padres y a extensas disertaciones sobre los errores que cometen sus hijos ... Mantenga sus comentarios para los hijos (incluyendo los hijos adultos) a doce palabras o menos para cada ocasión. Lo mismo se ajusta a las respuestas que se ofrecen a sus preguntas. Ello previene que sus hijos se desconecten de lo que se les está diciendo, así como también mejora su curiosidad, lo cual hace que formulen más preguntas. Al responder a sus indagaciones (no al revés, como casi siempre sucede), no los cansará con demasiada charla y en verdad los escuchará mejor».[5]

El banco del amor de abuela

Por supuesto, ser abuela no significa que estemos viejas. Es más, ¡hay muchas abuelas por ahí que todavía no tienen cuarenta años! Pero ser abuela SÍ implica tener una oportunidad especial. Podemos ser una fuente de amor inagotable, incondicional, imparcial, constante, abrumadoramente poderosa para estos niños. Y aunque es cierto que darle demasiadas cosas materiales puede serles perjudicial, es absolutamente imposible amar demasiado a un niño. Alguien me envió un pequeño recorte, no tengo idea de dónde, que aclaraba este punto. Decía:

> El amor adicional de los abuelos va a una cuenta bancaria sicológica del niño que deriva intereses y puede usarse para un día emocionalmente lluvioso.

Que pensamiento más consolador imaginarse a nuestros nietos enfrentando algún día una decisión difícil o sintiéndose solitarios en algún lugar lejano, y recordar de súbito el amor de una abuela para que ella los consuelen. Sin duda no podemos dejarles mayor legado a nuestros nietos que este regalo constante y perenne, la clase de amor que Jesús mostró y que se describe tan hermosamente en 1 Corintios 13: un amor que jamás acaba.

ABUELO: Una cosa tan sencilla que hasta un niño
pequeño puede manejarla.[6]

Si deseas ser amado,
no critiques a los que deseas amar.[7]

Ramos de oro

«Abuela, tengo flores para ti».
Me las mostró.
Las miré en su manita
Y al intentar entender vagamente
Las emociones despertaron de nuevo.

Al hojear cuarenta años,
Aparece la escena de una pradera
    amarilla.
La niñita de donde crecí
También recogía flores para su abuela ...

Hemisferios brillantes.

¿Acaso abuela se detuvo y meditó,
Como yo, comenzó a contemplar,

Recordando escenas con diseños grabados
Recogiendo dientes de león dorados
Conforme a una característica infantil?

¿Y acaso mi nieta tendrá
Algún día un ramo de pradera dorada
Colocado allí por alguien que todavía no
    ha nacido?
¿Y recordará esta mañana
Y se repetirá el relato?

Adeline Wiklund[8]

Cuán lejos lleguemos en la vida depende de la ternura que mostremos hacia los jóvenes, la compasión hacia los ancianos, simpatía hacia los que se esfuerzan y tolerante hacia los débiles y los fuertes porque algún día en la vida seremos uno de ellos.

George Washington Carver

Los niños son como esponjas.
Absorben toda tu fuerza y te dejan flácido.
Apriétalos y lo obtienes todo de nuevo.

Pegatina de parachoques: ¡NO ME ABRUMES!
¡ABRÁZAME!

Un niño, de unos seis años de edad, estudiaba con su abuela. Pronto preguntó:
—Abuela, ¿eres mucho más vieja que mamá?

—Sí, cariño, mucho más vieja —replicó ella.

—Me lo imaginaba —asintió el niño—, pues tengo que decirte que su piel se ajusta mucho mejor que la tuya.

La abuela Amarilis se llevó a sus dos nietos al zoológico... Se detuvieron frente a una enorme jaula de cigüeñas. La abuela le dijo a los dos niños que esos pájaros fueron los que trajeron a papá y mamá.

Los dos niños se miraron el uno al otro, luego el mayor se inclinó y le susurró al oído a su hermano: «¿No crees que deberíamos decirle la verdad a abuela?»

La vida es como montar bicicleta.
Uno no se cae a menos que deje de pedalear.[12]

Una abuela sentó a su nieta de tres años en su regazo y comenzó a leerle el Génesis. Después de un rato, al percatarse de que la niñita estaba muy callada, la abuela preguntó: «Bueno, ¿qué te parece mi amor?»

«Ah, ¡me encanta!», respondió la niña. «¡Uno nunca sabe qué es lo que Dios va a hacer!»

Otra abuela se llevó a su nieta de cuatro años, Amanda, a la consulta del médico porque tenía fiebre. El médico le miró las orejas y dijo:

—¿Quién está aquí, el pato Donald?

—¡No! —dijo Amanda.

Entonces el médico le miró la nariz y dijo:

—¿Quién está aquí, el ratón Miguelito?

—¡No! —respondió Amanda una vez más.

Finalmente puso el estetoscopio en el corazón y preguntó:

—¿Quién está aquí, Tribilín?

—No, Jesús está en mi corazón. ¡Tribilín está en mi ropa interior! —respondió Amanda indignada.

Aun en la vejez y las canas,
    oh Dios, no me desampares,
hasta que anuncie tu poder a la posteridad,
    y tu potencia a todos los que han de venir
(Salmo 71.18).

El hombre es la raíz de todos nuestros males, ¿verdad chicas?

*Los hombres son como los estacionamientos.
Los buenos están ocupados y el resto... ¡o son para
incapacitados o el tiempo del parquímetro
se les está acabando!*

Bill no quería que reemplazara nuestras viejas y aplastadas almohadas, pero finalmente lo convencí. Hacía muchos años que las teníamos y, aun cuando las lavaba y las secaba, estaban demasiado PLANAS para mi gusto. Perdieron su novedad e insistía en que hacía falta reemplazarlas.

A Bill no le entusiasmaba comprar unas nuevas porque le gustan aplastadas y que no abultaran. Se aferraba a la vieja y aplastada almohada como un niñito, pero las viejas no se

VEÍAN bien y seguí insistiendo en que nos hacían falta nuevas almohadas. Finalmente, cedió.

Encontré unas almohadas en oferta y eran fantásticas, grandes, lujosas, voluminosas y se veían muy bien cuando arreglaba la cama. No estaban caídas y aplastadas como las viejas.

Bueno, me enorgullecí mientras llevaba estas viejas almohadas, de triste apariencia, a la basura y las ponía en la bolsa dentro del basurero. Pero Bill no compartía mi gozo. Se quejó de que no podía dormir porque su almohada nueva era «demasiado dura, muy grande y muy incómoda».

Como fui yo la inventora de este gran cambio, me negaba a admitirlo, pero también me desperté con un calambre en el cuello y me sentí como si hubiera dormido sobre un montón de rocas. Sin duda era difícil admitir que quizás había cometido un error al reemplazar las suaves almohadas que nos dieron tan buen servicio durante tantos años. Bill tenía razón. Las nuevas *eran* demasiado tiesas. No se amoldaban a nuestras cabezas y cuellos como las otras.

Después de dos noches de dormir mal (y luego de escuchar las quejas continuas de Bill) sabía que tenía que arreglar la situación...

Ya las viejas almohadas que boté en la basura estaban sepultadas bajo los desperdicios acumulados durante dos días y el camión de recogida pasa por nuestro vecindario temprano en la mañana. Así que después de dos noches de desvelo, salí en puntillas de la casa temprano en la madrugada hacia el tanque de la basura que Bill había colocado en la acera la noche antes. Enfundada aún con mis chancletas y bata casera, levanté cuidadosamente la ruidosa tapa del latón de la basura, entonces me dieron nauseas ante el hedor de toda una semana de basura que salió del recipiente.

Donde vivimos hay muchas personas ancianas que se levantan al salir el sol y salen a caminar. Sabía que debía arriesgarme a que me sorprendieran excavando en esas bolsas de basura y llegaran a llamarme «LA DAMA DE LAS BOLSAS DE BASURA» en todo el vecindario. ¡Pero yo era una mujer con una misión!

Apurada traté de desatar una de las bolsas. Bill siempre las amarra muy duro, ¡preocupado como si algo fuera a tratar de ESCAPARSE! Bueno, registré aquella primera bolsa de basura y allí no estaban, pero al husmear por todos los desperdicios, derramé un montón de la OTRA basura. (En verdad, Bill empaca mucha basura en cada bolsa porque es muy organizado en su manera de recogerla; ¡aplasta cada caja de leche y de cereal y a veces hasta las despedaza!)

Tomó un rato, pero luego de toda una eternidad empujando y lanzando basura, finalmente encontré cuál era la bolsa donde estaban las almohadas. Para ese entonces, varias parejas habían pasado por mi lado y me habían deseado buenos días (un tanto sorprendidas de verme metida hasta las rodillas en desperdicios).

Por último, saqué ambas almohadas, manchadas ya con gotas de jugo de uva, gotas de cloro y quién sabe qué más, y las abracé. ¡Se sentían tan suaves y reconfortantes!

Salí disparada para adentro y las metí de inmediato en la lavadora con MUCHO, MUCHO jabón (moviéndome aún con mucha cautela para que Bill no supiera qué estaba haciendo).

Entonces las puse en la secadora con MUCHÍSIMAS hojas de suavizador de tela. Por supuesto, la secadora tenía que pasar por varios ciclos para secarlas, porque las plumas y el plumón tardan MUCHO tiempo en secarse, ¡casi seis horas en este caso!

Finalmente se secaron, les puse las cubiertas y arreglé la cama, en verdad orgullosa de que había hecho todo esto sin que Bill supiera lo sucedido.

Ya estaba oscuro esa noche cuando al fin se subió a la cama y se durmió sin percatarse del cambio realizado.

A la mañana siguiente, mientras arreglaba la cama (esta es una de las maneras en que me muestra el amor, haciendo la cama), creí que sin duda se había enterado de lo que hice. Pero no dijo nada. Cuando terminó, estiró la sábana sobre las almohadas y dijo: «Bueno, sabes qué, me parece que estas nuevas almohadas son buenas. Quizás hace falta un poco de tiempo acostumbrarse a ellas».

Cuando vio la arrugada sonrisa que trataba de esconder, tuve que confesar lo que había hecho. Aquel viejo versículo: «Quien encubre sus pecados no prosperará», seguía dándome vueltas en la cabeza; y de todas maneras iba a tener que aclarar por qué tenía dos ENORMES almohadas nuevas ocupando todo un estante en nuestro armario. Así que le conté mi aventura del día anterior en la basura. («Ah», dijo con una expresión un tanto preocupada en su rostro. «¿Pudiste ponerlo todo de vuelta en las bolsas? ¿Recordaste amarrarlas bien?»)

«Mira, sé que no te gusta, pero hasta que tenga la oportunidad de colocar algunas agarraderas en la bañera, me siento mucho mejor si te pones el casco».

De todas maneras, ahora tenemos cómodas almohadas VIE-JAS, aplastadas y bien gastadas, pero estamos a GUSTO y él está WUMPHEE (mi antiguo sobrenombre para él). También tenemos otra cosa de qué reírnos al recostar nuestras cansadas cabezas en esas viejas y familiares almohadas todas las noches.

Envejecer juntos

Si has leído alguno de mis otros libros, sabrás que me gusta bromear acerca de los hombres. Por favor, ¡entiende que estas bromas, anécdotas y ocurrencias no tienen nada que ver con los HECHOS! Son simple diversión. Y ya que este libro ES SOLO PARA MUJERES, ¡aquí quiero añadir un poco de tonterías para celebrar estas criaturas que Dios nos dio para que tuviéramos algo de qué reírnos!

Y para que te enteres, amo y respeto a Bill, mi esposo y compañero del alma a través de DÉCADAS de diversión y aventuras. Siempre ha sido mi ancla, así como el viento en mis velas, ¡según la necesidad del momento!

Trabajamos bien juntos y su amor y compañerismo me bendicen. Nos hemos ayudado el uno al otro a sobrevivir tantos retos que el otro día, cuando vi una escena asombrosa, pensé que describía a la perfección nuestra relación. En la calle frente a mí, un camión de remolque arrastraba a otro camión.

Imagínate a una persona fuerte en tu medio, aquella que llamarías si tienes un problema, la que te anima y edifica. Si eres como yo, esa persona es tu esposo.

Pero, ¿qué sucede cuando esa fuerza estable necesita ayuda? Por eso pasamos hace muchos años Bill y yo cuando él quedó inválido por un accidente automovilístico que casi lo mata. Entonces, durante un poco de tiempo fui el camión que arrastraba al camión de remolque. Ahora los dos andamos bien y nos reímos cada vez que podemos.

Hombres, mujeres, ancianidad y tecnología:
Una mezcla peligrosa

Bill siempre anda buscando regalitos para mí. ¡El año pasado me obsequió el mejor regalo: una lámpara con movimiento!

Sabe que me encantan las cosas que se mueven, suenan y alumbran; y esta brillante lámpara es lo más importante de mi Cuarto de Gozo. Me encanta ver cómo corre el líquido que tiene dentro y se arremolina alrededor. Es una terapia que da mucha paz.

Aunque se trata de una invención un tanto «nueva» (en verdad creo que están volviendo a la moda luego de aparecer por primera vez en la década del sesenta), de una manera u otra mi lámpara me recuerda momentos más sencillos, cuando los relojes sonaban, las lavadoras tenían dos brazos y dos piernas en lugar de cuatro «ciclos», y los teléfonos venían con auxiliares integrados cuyas voces te saludaban en cuanto le dabas una vuelta a la manigueta del aparato: «¡Número, por favor!»

La verdad es que la tecnología me ha dejado atrás. Pero lo sorprendente es que también está dejando a Bill rezagado. Está tan confundido como yo en cuanto a algunos de los «avances» computarizados.

Descubro que esto se ajusta a muchas personas de nuestra generación. La edad es el gran nivelador en cuanto al avance de la tecnología. Antes, cuando no podíamos entender cómo funcionaba algún aparato o máquina, llamábamos a nuestros esposos y ellos evaluaban la situación de inmediato, presionaban unos cuantos botones y nos enviaban de vuelta. Pero eso está cambiando.

Ya no somos nosotras las únicas que no podemos entender cómo encender el aire acondicionado en un cuarto de hotel, ¡ni siquiera entrar en algunos lugares con cierres computarizados! ¡Ahora las cosas son tan complicadas que algunos esposos tampoco las pueden entender! Una mujer me contó que su esposo compró un nuevo televisor de pantalla grande... ¡que vino con un manual de instrucciones de SESENTA Y CUATRO PÁGINAS! (Y sabemos lo que hizo con eso, ¿cierto? Lo usó como posavasos.)

La mujer dijo: «Intentándolo una y otra vez, aprendió cómo encenderlo y cambiar el canal, y ni siquiera se preocupó por aprender el sinfín de otras cosas que puede hacer este monstruo».

Quizás el problema radiqué en que estas máquinas nos apuran y nos dejan desconcertadas. A lo mejor por eso es que no podemos aprender (¡ni ponernos al día!). Hace unos cuantos años, la revista *Parade* [Parada] publicó una pequeña tabla que explicaba por qué ya no tenemos tiempo para recuperar el aliento y aprender cosas. La tecnología nos está empujando a hacer todo con más rapidez, precisamente cuando la mayoría nos contentaríamos con dormitar por la CUNETA de la autopista de la vida, deteniéndonos en ocasiones para oler las flores, ¡y tomar un poco de té!

La tabla en *Parade* se titulaba «La pausa desaparece»,[1] y era así:

CÁMARA LENTA	CONTROL AUTOMÁTICO	CONTROL PARA ADELANTAR
botones	cremalleras	velcro
cocina	ollas de presión	microondas
tabla de lavar	lavadora y exprimidora	lavadora y secadora
bolígrafo	máquina de escribir	computadora
ábaco	máquina sumadora	calculadora
operador	disco rotativo	tono electrónico
correo	correo expreso	fax

Al mirar estas listas, uno puede comenzar a entender por qué tantos de nosotros, los ancianos, nos sentimos cansados continuamente. Ya no tenemos las excusas probadas que acostumbrábamos utilizar cuando algo no estaba listo en el momento que se esperaba. Eso sin duda lo compruebo desde que empecé a escribir libros. Antes sucedía que si no tenía el manuscrito en la editorial exactamente en la fecha límite, podía decir: «Ah, debe estar detenido en el correo. Lo envié... vamos a ver, ¿martes o miércoles?»; ¡cuando la verdad era que no lo había puesto en el correo hasta el VIERNES! Ahora, cuando se supone que las cosas se entreguen un viernes, la editorial me envía un formulario para ENVÍO INMEDIATO, o peor aun, ¡un NÚMERO DE FAX! Así que cuando algo no llega a tiempo, ¡no puedo culpar a nadie sino a mí misma!

Una mujer me dijo que ella y su esposo estaban planificando un viaje a través del país en su trabajada casa rodante y esperaban que su nieto de ocho años se les uniera durante parte del viaje. «Es el único que puede programar la antena del satélite y hacer funcionar el microondas», confesó ella.

Y aun algunas de las parejas más jóvenes tienen problemas con todos los artículos novedosos que hay en el mercado hoy día. En una reunión a la cual asistí hace poco, conocí a Bryan Eckelmann, un ministro maravillosamente afable y agradable de Massachusetts, quien me permitió cntar este divertido relato:

Era la primera primavera de mi vida lejos de los suburbios, una pequeña comunidad de agricultores en Ohio. Timberly, mi esposa ducha en las cosas del campo y que estaba ansiosa por plantar una huerta, se entusiasmó cuando uno de los miembros de la iglesia nos prestó su rotocultivadora.

Luego de dejarla en la casa, delirante, Timberly dijo:

—Bryan, esto no es cualquiera cultivadora, esta es de la mejor marca del mercado...

Traté de parecer impresionado y educado a la misma vez.

—Sí, lo sé. Las he visto en las revistas.

Había visto los anuncios alabando el poder y la facilidad de uso de esta cultivadora. Las palabras siempre aparecían acompañadas por la foto de una mujer con una falda corta dirigiendo por el huerto la cultivadora con solo su dedo índice, casi sin esfuerzo alguno. ¡Qué podría ser más fácil!

Tan fácil que me alegró ayudar. Nuestro pequeño hijo tenía cólico y solo estaba contento en la mochila delantera que llevaba Timberly *mientras* intentaba usar la cultivadora. Luego de un largo surco y una espalda adolorida, me pidió que terminara el trabajo cuando regresara a casa.

¡No hay problemas! Me cambié de ropa y empecé.

Pero no podía controlar esta cultivadora con un solo dedo; después de una hora estaba sofocado, adolorido y maldiciendo a los falsos propagandistas por todas partes. Solo había hecho dos surcos cuando Timberly salió y preguntó:

—¿Qué pasa?

—Simplemente anda lento —grité por encima del rugido del motor de este monstruo de doscientas libras—. Esta máquina no está funcionando bien, quizás algo se ha dañado.

Trataba de aparentar dominio propio, pero ella sabía que estaba exasperado.

—¿Rota? ¡No puede ser! ¡Acabamos de pedirla prestada!

Timberly se colocó tras la máquina, alcanzó una manija que no había visto antes y tiró de ella. La cultivadora dio un bandazo hacia adelante bajo su propio fuerza.

—¿¡Cómo hiciste eso!? —grité asombrado.

Ella detuvo la máquina y se me quedó mirando por un momento, pensando ambos en el hecho de que había invertido una hora *empujando* por todo el huerto, sin encender el mecanismo impulsor, una cultivadora de doscientas libras que podía impulsarse sola. ¡Estuvimos tan avergonzados que no se lo dijimos a nadie por tres meses!

Bryan, como buen pastor que es, se dispuso a aplicar la lección del labrador mecánico a su ministerio: «Ese día fue una gran lección para mí», dijo. «Desde entonces, he llegado a reconocer esos momentos tan frecuentes cuando he intentado en vano empujar y halar mi vida en la debida dirección, pasando por alto el poder ilimitado del Espíritu de Dios que está del todo a mi dispisición, su hijo».

¡Ya es hora de que los hombres experimenten parte de la tortura tecnológica que hemos enfrentado las mujeres por tanto tiempo! En realidad, concuerdo con algo que Erma

Bombeck escribió hace muchos años. Ella dijo: «Los hombres tienen la reputación de ser mecánicos. Eso no es cierto. De vez en cuando hay que posponer la Navidad mientras un hombre trata de armar una bicicleta en un armario siguiendo las instrucciones (en japonés) y buscando un tornillo mariposa».[2]

«No pude comprar la opción de bolsas de seguridad. Si te parece que vamos a chocar, comienza a llenar estas».

Problemas automovilísticos

El relato de Bryan me recuerda cuán tontas nos sentimos mi hermana y yo cuando le pedimos prestado el auto a una amiga durante una conferencia de fin de semana en otro estado. Era un auto muy agradable, de buen tamaño y fácil de conducir, pero durante todo el fin de semana no pudimos bajar las ventanillas. Tenía luces y colores y manijas para todo, pero no había un botón para bajar las ventanillas.

Devolvimos el auto el domingo y cuando le dimos las gracias a la dueña, mencioné casualmente que no habíamos podido encontrar el botón para bajar las ventanillas.

«Ah», dijo ella sorprendida. Entonces abrió la puerta del auto y señaló hacia una manija redonda frente al brazo. «Está aquí, simplemente la bajas... y ya».

Janet y yo, acostumbradas a las ventanillas eléctricas, ¡andábamos buscando algún botón para empujar cuando la ENORME manija para bajar manualmente las ventanillas estaba ALLÍ MISMO! Tal vez la golpeamos una docena de veces mientras andábamos tanteando, tratando de encontrar el botón. Nos reímos hasta llorar, ¡pensando cuán «modernas» éramos, cuando lo único que hacía falta era un poco de sentido común!

El año pasado tuve otra «salpicadura de gozo» parecida al dirigirme, en Carolina del Norte, a la iglesia a la cual asisten Billy y Ruth Graham. Qué honor fue cuando Ruth Graham me llamó al lugar donde estaba quedándome y me invitó a ir a la iglesia con ella.

Billy se hallaba fuera de la ciudad y el auto de ella estaba en reparaciones, así que vino a recogerme en el auto de Billy. De inmediato me explicó todo eso y se excusó por no estar familiarizada con los sofisticados controles. Es más, tenía que hablar por encima del aullido de la radio porque no sabía qué botón tocar para apagarla y, por supuesto, yo no podía ayudar. El auto está especialmente equipado con teléfonos y dispositivos de seguridad, así que una cosa tan insignificante como apagar la radio parecía algo grande, ¡al menos para nosotras las mujeres que no tenemos inclinación por la mecánica!

Pronto otro problema resultó obvio. Era un día extrañamente cálido y su auto se estaba calentando. Ruth me pidió que encendiera el aire acondicionado mientras manejábamos hacia la iglesia. Miré todos aquellos botoncitos y dispositivos y no podía leer NINGUNA de las minúsculas letras que los identificaban. Titubeante, traté de empujar una manija a través de una ranura, ¡pero pronto se hizo evidente que en lugar de encender el aire acondicionado accidentalmente encendí la CALEFACCIÓN!

Al final, Ruth detuvo el auto y le preguntamos a un transeúnte si nos podía apagar la calefacción y encender el aire acondicionado. Debe haber sido algo cómico: dos mujeres maduras, deteniéndose con la radio a todo dar y el auto despidiendo calor. Ambas nos reímos bastante por lo ridículas que nos sentimos ese día; ello realmente rompió el hielo (¡en más de un sentido!) e hizo que el conocernos fuera una experiencia gozosa.

Tendencias engañosas

La tecnología de la era espacial no es lo único que nivela a los hombres y a las mujeres ancianos. Me parece que hay muchas maneras en que los hombres y las mujeres maduran y se asemejan más, llegan a ser más compatibles, mientras se tambalean hacia el atardecer. Un artículo dijo que llegar a ser abuelos muchas veces enriquece el matrimonio de una pareja y le da a su relación una nueva profundidad. En otras situaciones, el paso sosegado de viajar juntos, sin itinerario ni programa, le da a las parejas retiradas un nuevo sentido de aventura común.

Para Bill y para mí, nuestra obra con los Ministerios Espátula y todos los viajes que hacemos para conferencias en los lugares más remotos nos han dado un nuevo propósito en la vida. El gozo que recibimos al conocer nuevas personas a través de todo el país ha enriquecido nuestras vidas más de lo que pudiéramos medir.

Una de las cosas que Bill y yo hacemos juntos es la compra mensual. Alguien me dijo una vez: «¡Lo único que es peor que salir de compras con un esposo al que no le agrada salir de compras es salir de compras con un esposo que le GUSTA salir de compras!» Como Bill es un ingeniero retirado, puede meterse en los DETALLES de salir de compras, comparar precios y decidir con cuidado cuál es la mejor adquisición. Me volvía loca cuando andaba de prisa, pero ahora que nuestras vidas están más descansadas, disfruto de tenerlo a mi lado.

Hace poco estábamos en una de las grandes tiendas de almacén; por una u otra razón nos separamos y salí antes que

Bill, mientras él se ocupaba de otra cosa en la tienda; para variar empujé el carrito hasta el auto y lo descargué (un trabajo que él siempre hace por mí). ¡Cuando llegamos a la casa y comencé a guardarlo todo me percaté de que al parecer había DEJADO dos enormes cajas de cosas en la parte inferior del carrito! Las metimos allí y sin duda se me olvidaron al trasladar las compras desde el carrito al auto.

Cuando le dije lo sucedido, simplemente respondió: «Bueno, eso es dinero tirado. Puedes considerar todas esas cosas como totalmente perdidas». Su opinión pesimista me frustró tanto que decidí manejar los veinticuatro kilómetros de REGRESO a la tienda solo para mostrarle que estaba equivocado.

Bill no quiso regresar conmigo, burlándose de la idea de que encontraría esas cajas perdidas. «¿Por qué molestarnos?», preguntó. «Estás malgastando tu tiempo y la gasolina también».

Pero pensaba: *¡Si no consigo las cosas (lo cual era muy probable) voy a entrar de nuevo, comprar todo de nuevo y decirle a Bill que después de todo las encontré!* Me justifiqué pensando que jamás notaría la diferencia y tendría la gran satisfacción de probar que estaba equivocado.

Este pensamiento persistió mientras me acercaba a la tienda; comencé a planificar mentalmente mi ruta por todos los pasillos, recogiendo todos los artículos perdidos, comprándolos de nuevo y luego llevándomelos a casa para hacerle creer que los había ENCONTRADO.

Cuando entré al atiborrado estacionamiento y comencé a acercarme a la entrada de la tienda, debo haber tenido una mirada frenética y penetrante en mis ojos porque cuando detuve a un dependiente y empecé a explicarle mi problema un poco indecisa (razoné: *¿por qué no preguntar?*), inmediatamente dijo:

—Ah, usted es la señora que dejó las enormes cajas en la parte de abajo del carrito. Están dentro de la tienda. Tenemos un armario lleno de cosas que las personas dejan en sus carritos y las guardamos allí para asegurarlas.

Sorprendida, balbuceé:

—¿ESO sucede muy a menudo?»

—Como no. Tenemos muchas personas que se marchan y dejan las cosas en sus carritos —sonrió y añadió—: Pero casi siempre son PERSONAS MAYORES.

Bueno, ¡eso resolvió mi día!

Luego de poner las cosas en el auto, asegurándome con cuidado de que en esta ocasión no hubiera dejado nada en el carrito, manejé de vuelta preguntándome si debía sentirme halagada o humillada por la aseveración del joven. Entonces pensé acerca de mi plan de volver a comprar todas las cosas que creí perdidas y jamás decirle a Bill qué había hecho. Ese versículo de Jeremías persistía en mi mente: «Engañoso es el corazón más que todas las cosas, y perverso; ¿quién lo conocerá?» (17.9). Sin embargo, tenía que admitir que habría sido mucho más divertido realizar ese tipo de travesura en lugar de simplemente llegar a casa y decir: «¡Mira lo que encontré!»

Lo triste es que cuando Bill me vio llegar con todas las cosas, dijo: «¡Apuesto a que simplemente regresaste y volviste a comprar todas las cosas para hacerme quedar mal!»

Pretendiendo asombrarme de que pensara *de esa manera*, negué, al menos por un tiempito, que alguna vez hubiera concebido tal trama.

Los hombres son criaturas maravillosas; realmente lo son. Nos halagan, ¡y nos complementan! Pueden hacernos llorar; pueden elevarnos o dejarnos caer. Nos apoyan, nos sustentan y nos consuelan.

En resumidas cuentas, ¡vale la pena tenerlos a nuestro lado! Pero uno de sus dones más valiosos para nosotras las mujeres, al menos en mi prejuiciada opinión, es que nos dan muchísimas razones para reírnos. De ahí algunos de mis dichos favoritos y bromas acerca de nuestras luchas con la nueva tecnología y sobre todo acerca de los hombres. Si eres casada, ¡quizás sea mejor que disfrutes de esta pequeña colección mientras andas jugando béisbol o arreglando el auto!

Un anciano caballero fue al médico para examinarse la salud. El médico lo examinó bien y dijo que estaba en buen estado.

—Y, ¿qué hace para mantenerse tan saludable? —le preguntó el médico.

—Bueno, Dios está conmigo de día y de noche —replicó el viejo caballero.

—Qué bien —añadió el médico, casi sin mirarlo.

—No, de verdad. Es decir está conmigo por *dondequiera* que voy. Aun de noche, cuando salgo de la cama para ir al baño, Dios está allí para ayudarme. Hasta enciende la luz por mí.

—¿Enciende la luz? —preguntó el médico confundido.

—Así mismo! Todas las noches, cuando voy al inodoro, Dios me enciende la luz.

El médico salió a la sala de espera para dirigirse en privado a la esposa del anciano.

—Su esposo parece estar en buena forma física —dijo el médico—. Pero es posible que le esté fallando un poco la mente. Dijo algo curioso. Dijo que Dios mismo le enciende la luz cuando se levanta a usar el baño.

—¡Ese viejo loco! —respondió la esposa—. ¡Se ha estado orinando otra vez en el refrigerador!

«Soy una economía que camina», se escuchó decir a un hombre. «Mi cabello está en recesión, mi cintura es víctima de la inflación y juntas me están causando una profunda depresión».[3]

En términos generales, los hombres y las mujeres responden a situaciones de maneras bastante diferentes.

Pregúntele a un hombre dónde compró un cake, y le dirá: «En la tienda de comestibles». Hágale la misma pregunta a una mujer, y ella dirá: «¿Está dañada?»

Pero pregúntele a una mujer cómo se lastimó un dedo de los pies, y dirá: «Tropecé con una silla». Hágale la misma pregunta a un hombre, y responderá: «¡Alguien dejó una silla en medio del cuarto!»[4]

Envejecer es un estado mental... ocasionado por canas, dientes postizos, arrugas, una gran barriga, falta de aliento y estar total y constantemente agotado.[5]

Los hombres en verdad no pierden el cabello, ¡simplemente se les esconde y les sale por las orejas!

Aliciente para la memoria mañanera, al levantarse:
Las cosas han llegado a tal punto que tengo
que colocar un anuncio al lado de mi cama:
«Primero los pantalones, ¡DESPUÉS los zapatos!»[6]

Los jóvenes miran hacia adelante,
La vejez mira hacia atrás,
La mediana edad se ve CANSADA.[7]

No se supone que Lewis y Clark iban a explorar el Oeste durante todos aquellos meses. Simplemente no querían admitir (sobre todo frente a Sacajawea) que estaban perdidos.[8]

Una octogenaria se quejaba ante una amiga de que de noche tenía muchos problemas porque un hombre tocaba a su puerta continuamente. Cuando su amiga le preguntó: «¿Por qué no abriste la puerta?», la dama replicó: «¿Para qué? ¿Para que se vaya?»[9]

Consejo de Dave Barry para manejar como los viejos:

1. El auto del viejo debe ser lo más grande posible... De ser necesario debe comprar DOS autos y soldarlos.

2. Debe agarrar el volante lo suficientemente fuerte como para que no pueda separarse del mismo sin algún procedimiento quirúrgico, y debe sentarse bastante bajo para que pueda ver el velocímetro.

3. Debe seleccionar una velocidad por adelantado (37 km es una velocidad muy popular), y manejar a esa velocidad en todo momento, independientemente de si está en la entrada de su garaje o en la autopista...

4. Si proyecta virar en algún momento durante el viaje, debe planificarlo por adelantado y encender el indicador tan pronto como encienda el auto.[10]

Dos hombres de noventa años, Juan y Daniel, estaban en el servicio fúnebre de otro amigo de noventa años. Luego de la bendición, se quedaron mirando el ataúd abierto del fallecido hermano. Finalmente Juan le dijo a Daniel: «Sabes, en verdad no vale la pena ir a casa».[11]

El congresista Claude Pepper, a los ochenta y siete años: «A mi edad, ni siquiera compro bananos verdes».[12]

Al comprar un obsequio para tu esposa, lo práctico puede resultar más caro que lo extravagante.

Max Lucado[13]

¿Se ha preguntado alguna vez por qué se requieren MILLONES de espermatozoides y solo un óvulo para procrear un bebé? ¡Quizás se deba a que ninguno de estos pequeños corredores se va a detener para preguntar por la dirección!

Gary Smalley[14]

Padre

4 años: Mi papi puede hacerlo todo.

7 años: Mi papá sabe mucho, muchísimo.

8 años: Mi papá no lo sabe todo.

12 años: Ah, bueno, naturalmente, papá tampoco
sabe eso.

14 años: ¿Papá? Increíblemente anticuado.

21 años: Ah, ese hombre está desconectado
de la realidad. ¿Qué esperabas?

25 años: Sabe un poco de eso, pero no mucho.

30 años: Quizás deberíamos averiguar qué es
lo que papi piensa sobre eso.

35 años: Un poco de paciencia. Vamos a ver qué
piensa papá antes de hacer algo.

50 años: Me pregunto qué hubiera pensado papá
acerca de eso. Era bastante inteligente.

60 años: ¡Mi papá lo sabía todo!

65 años: Daría cualquier cosa para que papa
estuviera aquí y así poder discutir esto con él.
Realmente extraño a ese hombre.[15]

El hombre perfecto conoció a la mujer perfecta y
se casaron. Una Nochebuena andaban por la autopista y se fijaron en un hombre junto al camino. No
era un hombre común y corriente. ¡Era Santa Claus!

Como personas perfectas que eran, se ofrecieron
para llevar a Santa Claus, pues andaba apurado por
entregar sus juguetes. Ay, pero los caminos estaban
resbalosos y hubo un terrible accidente automovilístico. Dos de aquellas tres personas murieron.
¿Sabe quién sobrevivió?

*(La mujer perfecta. Todo el mundo sabe que ni Santa
Claus ni el hombre perfecto realmente existen).*

El pastor y escritor Max Lucado dice que acostumbraba ser una persona desmañada, con la actitud de que: «La vida es demasiado corta como para emparejar los calcetines; ¡simplemente compra pantalones más largos!»

Entonces, dice él, ¡se casó!16

LA CURA PARA LA CALVICIE EN EL HOMBRE
Sal de Epsom
Jugo de níspero
Alumbre

Combina todos los ingredientes y frótate la mezcla en la cabeza diariamente. (No detendrá la caída del cabello, ¡pero reducirá tu cabeza para que se acomode lo que te quede!)

Obtener un esposo es como comprar una casa vieja. Uno no ve cómo es sino cómo va a ser cuando la remodele.

¿Sabes qué es un viejo sucio?

¡Un padre de mediana edad con tres hijas y un solo baño!

Un esposo retirado es el trabajo a tiempo completo de una esposa.17

Jesús caminaba sobre el agua y se acercó a un bote con tres pescadores. Mientras Jesús subía al bote vio que uno de los hombres tenía lentes gruesos y veía mal. Jesús tomó los lentes del hombre y los tiró al agua. En cuanto tocaron el agua se restauró la visión del hombre.

El próximo hombre estiró su mano seca. Jesús tocó su mano y se restauró la carne del hombre.

Jesús entonces se volvió hacia el tercer hombre. Este se retiró y dijo: «Señor, ¡no me toques! ¡Tengo una pensión por estar incapacitado!»[18]

Un amigo que es calvo dice que *jamás* se va a poner un suéter de cuello de tortuga. ¡Teme parecerse a un desodorante de rolo!

Este es el mismo amigo que dijo que antes usaba champú para la caspa, ¡pero ahora necesita pulimento!

Luego de un vuelo cancelado en un aeropuerto desconocido, los pasajeros se aglomeraron en el mostrador de reservaciones. El personal de la aerolínea hacía sus mejores esfuerzos para colocar rápidamente a los pasajeros en otros vuelos. Pero un pasajero exigente se presentó al frente de la fila, golpeó el mostrador y gritó repetidamente:

—Tiene que meterme en este avión.

El agente de reservaciones siguió siendo servicial y no se alteró.

Cada vez la perorata del pasajero era más furiosa e insultante.

—¿Sabe con quién está hablando? —gritó—. ¿Sabe quién soy yo?

El agente tomó tranquilamente el micrófono y anunció por el sistema de comunicaciones:

—Damas y caballeros, aquí tenemos un pasajero que no sabe quién es. Por favor, si alguien conoce a este pasajero pase a identificarlo.

Y con eso, los otros pasajeros aplaudieron.[19]

La medicina de Dios es la risa. Todo el mundo debería bañarse en ella. Las sombrías preocupaciones, el mal humor, la ansiedad, todo ese hollín de la vida debe rasparse con el aceite de la risa. Es mejor que una lima. Cada hombre debería frotarse con ella. Un hombre sin gozo es como una vagón sin muelles, en el que todos sienten una desagradable sacudida con cada piedra sobre la que pasa.

Henry Ward Beecher

No reprendas al escarnecedor, para que no te aborrezca; corrige al sabio, y te amará. Da al sabio, y será más sabio; enseña al justo, y aumentará su saber. El temor de Jehová es el principio de la sabiduría, y el conocimiento del Santísimo es la inteligencia (Proverbios 9.8-10).

¡Listas para el despegue!

*Soy hija del Rey... preparándome todavía
para vivir en el palacio.*

El año pasado me sentí honrada al ser invitada al hogar de una mujer muy adinerada. Al pasar por la entrada, el tamaño de su hermosa mansión me sorprendió. Se elevaba con elegancia en unos terrenos cuidadosamente arreglados, una imponente estructura con una entrada amplia y con columnas que abría a un vestíbulo con una espléndida escalera de caracol. Parada en los escalones delanteros tenía que inclinarme hacia atrás y hacer descansar mi cabeza en los hombros solo para ver el tope de la casa.

Francamente, el tamaño y la opulencia de esta majestuosa casa me intimidaba un poco. Pero entonces una sirvienta uniformada nos abrió la puerta delantera y allí estaba nuestra agradable anfitriona, dándonos la bienvenida con los brazos extendidos y un afectuoso corazón, haciendo sentir en casa en un medio tan lujoso.

Nos mostró su hogar y cada cuarto era más hermoso que el anterior. Al final, nos condujo hacia el grandioso comedor, donde la mesa estaba servida con la vajilla más preciosa que jamás haya visto; es más, alguien me dijo luego que esta mujer tenía varios juegos exquisitos de vajilla.

Todo en la casa era pródigo, desde las servilletas de lino planchado y los resplancedientes cubiertos, hasta los delicados platos para el postre y el brillante candelabro.

Aquello era encantador, pero mientras estaba sentada allí en el amplio comedor, disfrutando de la hospitalidad de nuestra anfitriona, las palabras de aquella viejísima canción irrumpieron en mi mente: «Una tienda o una cabaña, ¿por qué habría de importarme? Allá Él me está construyendo un PALACIO».[1]

Era lo único que podía hacer para no gritar súbitamente: «Sabe, ¡YO TAMBIÉN TENGO UN PALACIO!»

En realidad, Bill y yo vivimos en una cómoda casa móvil.

«Estoy tan vieja que todas mis amistades en el cielo deben estar pensando que no me dejaron entrar».

Pero tenemos una MANSIÓN esperando por nosotros en el cielo, ¡y estoy tan ansiosa por llegar que ando bailando en puntillas!

Recientemente he comenzado a coleccionar ángeles, pero no *cualquier* tipo de ángeles. ¡Colecciono Gabrieles llevando trompetas! Andan por todas partes en nuestra casa, pequeñas figuras de cerámica y coloridas banderas que representan ángeles vestidos con togas ondulantes, poderosas alas majestuosamente desplegadas. Y cada uno tiene una larga y delgada trompeta. Veo un ángel por dondequiera que miro, y viene a mi mente ese pequeño chiste que descubrí en algún sitio:

DEBIDO A LA FALTA DE
TROMPETISTAS CALIFICADOS,
¡EL FIN DEL MUNDO SE POSPONDRÁ
TRES MESES!

«Un hijo del Rey», por Marilyn Goss

Bueno, si todos mis ángeles súbitamente llegaran a ser reales, ¡sin duda no faltaría nada! Están ahí para recordarme ese día de gozo en el que Gabriel sonará su trompeta y todas nos mudemos a nuestras mansiones en el cielo. En ese alegre y conmovedor día, nos pondremos nuestras togas reales, nos ajustaremos nuestras coronas celestiales sobre nuestras cabezas y nos lanzaremos apresuradas, ansiosamente, con los brazos extendidos y los rostros resplandecientes, hacia nuestro anfitrión celestial: ¡Jesús! ¡Acaso no sería fabuloso que nos muestre el vecindario celestial y nos señale cuál es nuestra mansión!

Imaginándome ese día pienso en el cielo como un lugar lleno de hermosas mansiones que brillan como los hogares iluminados en las radiantes escenas del artista Thomas Kinkade. ¿Has visto su trabajo? Es... bueno, ¡celestial! Tiene un increíble talento para crear espléndidas e inspiradoras escenas. La luz parece derramarse de las ventanas de los hogares y los portales, lo cual me recuerda aquella frase que dice:

El atardecer es la puerta del cielo... entreabierta.

El tener las encantadoras obras de Thomas Kinkade en mi hogar, junto con mis alegres ángeles, me mantiene constantemente llena de gozosa espera ante lo que me aguarda en el cielo. Estos recordatorios me permiten concentrarme en lo que REALMENTE es importante en esta vida. Me ayudan a recordar el mensaje que mi amigo Dick Innes puso en estas inspiradoras palabras:

Tiempo

Entramos en él al nacer.
Pasamos por él en la vida.
Salimos de él en la muerte.
Fue nuestra preparación
para la eternidad.

Hasta que llegue ese día y Gabriel suene su trompeta, ¡andamos viviendo en el tiempo de preparación para el palacio!

Cuando mi editora vio el tema de este capítulo, dijo: «Pero Bárbara, escribiste sobre eso en tu ÚLTIMO libro».

Mi respuesta fue: «Sí, así lo hice. Pero el Señor todavía no ha venido, ¿verdad que no? ¡Así que todavía nos estamos preparando para el palacio!»

¡Jamás lo olvides! Nuestra vida aquí no es nada más que la preparación para la próxima. Rodéate de recordatorios de esa promesa celestial.

Las figuras de ángeles dispersas en cada cuarto de nuestro hogar y las sorprendentes pinturas de Thomas Kinkade colgadas de nuestras paredes hacen algo más que sugerir el cielo: me afirman que ninguno de mis problemas es permanente. Como dice la Biblia, ¡vinieron «y pasaron»! No importa qué pruebas me aflijan, tengo una reservación para un lugar mucho mejor.

Me espera un palacio lujoso. ¡Ya mi nombre está pintado en el buzón! Las luces están encendidas y la mesa está servida. (Simplemente piensa en eso cuando escuches decir esto: «La muerte es la manera de Dios decir: "¡Tu mesa está lista!"». Y lo mejor de todo es que el Señor mismo está parado en el portal, ¡esperando para darme la bienvenida! Uno de estos días voy a mudarme allí y pasaré la eternidad en gloriosa alabanza de Aquel que creó todo para mí.

¡Cuán feliz será ese día! Pensar en él me recuerda aquel pequeño comentario cristiano que dice:

> Cuando nací, las personas estaban felices y sonrientes. Yo era el único que lloraba.
>
> Cuando morí, las personas estaban tristes y llorando. Yo era el único feliz y sonriente.

Cuando me vaya, me marcharé con una carcajada. No importa cuál sea mi apariencia exterior, créeme que por dentro cantaré y gritaré aleluya. No será nada como el pequeño artículo que alguien enviara a la revista publicada por Joel Goodman, director del *Humor Project* [El proyecto humor]. El artículo dice:

> Trabajo en el piso de obstetricia de un hospital. Alguien colocó hace poco un artículo en nuestro salón de enfermeras que decía: «Las investigaciones recientes muestran que los primeros cinco minutos de vida son muy riesgosos». Debajo, alguien escribió las palabras: «¡Los últimos cinco tampoco son gran cosa!»

Como cristianos podemos REÍRNOS de la muerte. Para nosotros, la muerte no es el lamentable término de nuestras vidas; es el *comienzo* de un gozo interminable.

¡Nuestra salida final de aquí será nuestra entrada grandiosa allá! Ese hecho alentador es el salvavidas del que nos agarramos todos los días de nuestras vidas; es el secreto que nos fortalece para enfrentar con valor *cualquier cosa* que nos sobrevenga porque sabemos que: (1) Dios está con nosotros; que somos suyos; que estamos grabados en las palmas de sus manos; y que (2) nos esperan mejores días, si no en esta vida, en la próxima. Como dijera alguien:

> Para los cristianos, ¡*nada* es el fin del mundo!

Nos morimos por llegar al cielo

Cuando Bill y yo nos reunimos recientemente con nuestro agente de seguros, este consultó algunas tablas y me dijo que mi expectativa de vida eran otros diecinueve años. El pobre hombre tal vez esperaba que me entristeciera un poco al escuchar esta predicción. Sin duda estaba triste, pero no de la manera que esperaba. Mientras me comunicaba esas noticias, fruncí el rostro y refunfuñé: «¡Ah! ¡No quiero esperar *tanto*!»

No es que tenga una vida miserable. Al contrario, me he formado el hábito de exprimirle a cada día toda la diversión y el amor que pueda encontrar. Algunas veces parece que tengo lo mejor de ambos mundos, gozo superabundante aquí y de la promesa de felicidad eterna en el paraíso. Aun así, sé que mi día más agradable aquí en la tierra no es *nada* comparado con el gozo insondable que me espera en el cielo.

Alguien me contó acerca de una elegante presentación de modas organizada hace algunos años por el grupo femenino de una iglesia. A los invitados se les recompensó con varios premios en la puerta y una frágil pero enérgica anciana se echó a reír mientras abría el regalo que se había ganado: un calendario para planificar actividades durante *veinte* años. Sacudiendo la cabeza y riéndose alegremente, se lo dio pronto a una mujer mucho más joven en su mesa. «Cariño, ¡espero en Dios que esto no me haga falta!», dijo con un destello alegre en sus ojos.

Esa mujer no necesitaba un lugar donde escribir sus metas durante los próximos veinte años; en ese momento su meta principal era llegar a las puertas del cielo y mudarse a su mansión y a su nuevo cuerpo, ¡perpetuamente joven!

No se permite equipaje

¿Puedes imaginarte cuán gloriosas serán nuestras vidas en el cielo? No, quizás no, simplemente no podemos comprenderlo. El cielo será tan maravilloso que las cosas materiales que más atesoramos en la tierra serán insignificantes pues nuestros días se llenarán del gozo exuberante que solo viene de estar en la presencia de Dios.

¿Has escuchado el relato acerca del hombre adinerado que estaba determinado a «llevarse las cosas» cuando muriera? Leelo aquí:

> [El] hombre rico oró hasta que el Señor finalmente cedió. Había una condición: solo podía llevar una maleta con su riqueza. El hombre rico decidió llenar la valija con lingotes de oro.
>
> Llegó el día cuando Dios lo llamó a casa. San Pedro lo saludó, pero le dijo que no podía entrar con su maleta.

—Ah, pero tengo un arreglo con Dios —explicó el hombre.

—Eso es raro —dijo san Pedro—. ¿Te molesta que le eche una mirada?

El hombre abrió la maleta para mostrar el brillante lingote de oro.

—¿Cómo se te ocurrió traer bloques para el pavimento? —exclamó sorprendido san Pedro.[2]

Cuando vamos hacia un lugar donde las calles están pavimentadas con oro, ¡no nos hace falta llevar equipaje! Alguien dijo en una ocasión: «Lo único que podemos llevarnos es el amor que dejamos». Eso es cierto.

Edificar a otros con amor

¿De dónde viene este legado de amor? Cuando le damos la bienvenida a Jesús en nuestras vidas, Él llena nuestros corazones con amor, un amor sólido, superabundante. Entonces lo invertimos en otros, ¡y nuestra inversión se multiplica!

Hace varios años vi un ensayo de J. Anne Drummond que señalaba cómo «los verdaderos tesoros, los tesoros duraderos, no están aquí en la tierra. Los que en verdad importan son los que están atesorados en el cielo ... Un día, todas las cosas que guardamos dentro de nuestros armarios se las llevarán nuestros seres amados para guardarlas en *sus* armarios, las venderán o las desecharán. Pero los tesoros de amor y amistad personal con Jesucristo jamás nos los quitarán».[3]

En mi hogar de la infancia había una placa colgada de la pared que nos recordaba a todos: «Solamente una vida, que pronto pasará. Solo lo que se haga para Cristo durará». De una u otra manera esas líneas todavía me ayudan a obtener una mejor perspectiva sobre mi vida aquí en la tierra y ¡recordar que lo que hacemos en esta breve vida cuenta para la ETERNIDAD! No podemos llevarnos nada CON nosotras, pero podemos enviar amor por delante, brindando el amor de Cristo a los que están necesitados aquí.

Ánimo distinguido

Una de las maneras en que podemos comunicar el amor de Dios es mediante el ánimo. Alguien dijo que la palabra *animar* significa «llenar el corazón, henchirlo, agrandarlo». Al animar a una amistad, le damos a esa persona un regalo especial, un impulso descrito hábilmente en este pequeño ensayo de un escritor desconocido:

> Una de las cosas más poderosas que puede brindar una persona a otra es el *ánimo*. Este puede detener un suicidio, un divorcio y un sinnúmero de otras tragedias. Una palabra de ánimo puede sanar a alguien quebrantado y herido. Le puede dar a alguien el valor para seguir esforzándose ...
> El pueblo de Dios debe contrastar radiantemente con el pueblo del mundo. Debemos rebosar con el gozo del Espíritu Santo. Se nos debe hacer fácil ser positivos y edificantes. ¿Animas a los que te rodean? No permitas que alguien muera por descuido y falta de ánimo. ¡Ofrece tu gozo cristiano!

Nuestro mundo, manchado por el pecado, se deleita en el desánimo; las personas negativas contaminan nuestra perspectiva y debilitan nuestra esperanza. Pero los cristianos conocen el antídoto para el desánimo; se deletrea una y otra vez en la Escritura: «La congoja en el corazón del hombre lo abate; mas la buena palabra lo alegra».[4] El libro de direcciones de mis antiguos días universitarios está impreso con este recordatorio: «Como el agua enfría al alma sedienta, así son las buenas nuevas de lejanas tierras».[5] Cuando otros me escriben para animarme, vuelvo a leer sus notas varias veces antes de depositarlas en mi Caja de Gozo, para leerlas muchas veces en el futuro.

Muchos corazones necesitan llenarse de esperanza. A medida que hablo a través del país, miro las audiencias e imagino corazones aplastados, maltrechos, heridos por la falta de atención o por los actos irreflexivos de que han sido objeto, o encogidos y muriéndose por la falta de ánimo. ¡Qué felicidad me da ofrecer una palabra alegre a esos corazones heridos y ayudar a su restauración con una infusión de la esperanza de Dios! Cuando algo se restaura, vuelve a caer en su sitio como un hueso dislocado que vuelve a su sitio aliviando el dolor. El ánimo trabaja como un quiropráctico informal, y tanto el «médico» como el paciente se benefician del tratamiento. Como alguien dijera: «El ánimo es una bendición doble. Bendice tanto al dador como al receptor».

Cómo llegar a ser un animador

Es fácil ser un animador. Podemos animar a alguien con una llamada alegre, una visita rápida o simplemente con una sonrisa. Una de mis maneras favoritas de animar a otros es escribiendo una nota rápida. Casi siempre escribo algo sobre una caricatura tonta que viera en algún lugar. El mensaje no tiene que ser largo. Las notas breves y sinceras pueden edificar al destinatario así como un ramo de flores, o quizás más. Si se te dificulta expresarte, comienza diciéndole a una amiga cuántas bondades ha hecho por ti. Recuérdale cuánto significa su amistad para ti, luego aliéntala.

Escribirnos notas siempre ha sido parte de nuestra vida familiar. Quizás por eso es que el pequeño «Memorándum de Jesús» al frente de este capítulo significa tanto para mí. Como las figuras de ángeles y las obras de Kinkade, copias de este memorándum están colocadas alrededor de mi casa para recordarme que Jesús vuelve por mí.

Tuvimos como invitado a un joven de Canadá que vivió con nosotros durante un año mientras asistía a la secundaria. Venía de una familia poco comunicativa, así que tomó un tiempo para que se acostumbrara a las continuas bromas y al cotorreo de nuestra familia, y sobre todo a las muchas notas que nos dejamos el uno al otro.

Los niños aprendieron a mirar siempre el refrigerador para buscar notas mías. Para mí escribir a máquina siempre me resultó más rápido que escribir a mano, así que escribía a máquina toda la lista de tareas que esperaba de parte de cada uno. Aunque trataba de dividir el trabajo equitativamente, un día Larry se quejó de que tenía demasiado que hacer en su lista. «¡*Jamás* voy a terminar con todo esto!», dijo enfurruñado.

Cuando comparamos las notas de todos los muchachos, el problema fue rápidamente obvio. Barney, que en ese entonces tenía diez años de edad, ¡había reelaborado arduamente todas las notas en la máquina de escribir (con un solo dedo) y redistribuido todas SUS labores entre sus tres hermanos! Entonces firmó las notas «MAMÁ», y hasta se puso lápiz labial e imprimió un «beso» en las notas, ¡como yo siempre hacía!

Por fortuna, nuestro visitante canadiense no pudo ser parte de esta broma. Antes de regresar a su casa dijo que *lo que* en verdad le encantó acerca de vivir con nosotros fue nuestro «sistema de notas». Dijo que tener una nota que le dijera qué tareas se esperaban de él, dónde estaba todo el mundo, qué hacer a fin de prepararse para la cena y qué actividades se planificaron para esa noche era como tener su propio sistema de correo.

Un regalo de esperanza

Una nota de aliento puede significar mucho, hasta para aquellos que están acostumbrados a recibirlas. Mark Twain, a quien se le conocía por su vanidad, confesó que podía «vivir durante tres semanas debido a un solo cumplido».

El ánimo es el regalo que Chuck Swindoll describe como «un trasplante de esperanza» para alguien necesitado.[6] Erma Bombeck era una animadora talentosa. Por décadas animó a millones, mientras nos entretenía simultáneamente con su columna de periódico sindicada y sus libros. Ella continuó animándonos y entreteniéndonos hasta el final. Cuando murió el año pasado, toda la nación se detuvo para recordar el amor y la risa que le dio a otros. Un escritor la describió como «un tesoro nacional en un mundo y una era que desesperadamente necesitaba aliviarse».[7]

Erma fue uno de mis ejemplos. Nos conocimos, breve-
mente, solo una vez, pero tocó mi vida y las vidas de otros
millones mediante sus palabras, su humor y la bondad cristiana que le mostró a todos los que la conocieron. Alentó a
otros para que se arroparan en felicidad y soportaran las
tribulaciones concentrándose en el «panorama general», en
lugar de atascarse en el aburrimiento. Una de sus mejores
columnas, publicada hace varios años, describía cómo haría
las cosas de poder volver a empezar la vida:

> Hubiera dicho «te amo» más a menudo ... más
> «lo siento» ... hubiera escuchado más ... pero sobre
> todo, si se me permitiera vivir nuevamente, aprove-
> charía cada minuto de la vida ... la miraría y en
> verdad la observaría ... la intentaría ... la viviría ... la
> agotaría ... y jamás devolvería ese minuto hasta que
> se agotara por completo.[8]

Muchos dirían que Erma, mediante sus escritos, nos ayu-
dó a vivir como ella dice hubiera reeditado su vida, con
agradecimiento por las bendiciones que tenemos frente a
nuestras narices. Y finalmente, la despedida de Erma. Publicada en su última columna solo cinco días antes de morir, se
usó para presentar su último libro, *Forever, Erma* [Erma, para
siempre]. Decía:

> Mis obras se medirán no por mi apariencia juve-
> nil, sino por las arrugas de preocupación en mi
> frente, por las arrugas alrededor de mi boca y los
> surcos que surgieron de ver lo que puede hacerse
> por los que son más pequeños que yo o han caído.[9]

Si *mi* espíritu está arrugado y marcado, espero que la
razón de esas arrugas sea mi cercanía a Dios. Allí es donde
he procurado estar a través de mi vida, sin importar las
circunstancias que me aquejen. Como dijera Hudson Taylor:

«No importa cuán grande sea la presión. Lo que realmente importa es en *dónde yace*, ya sea que interfiera conmigo y Dios o que me acerque más a su corazón».[10] Romanos 8.39 dice esto con mucha claridad: «Ni lo alto, ni lo profundo, ni ninguna otra cosa creada nos podrá separar del amor de Dios, que es en Cristo Jesús Señor nuestro». Él *CUBRE* nuestros corazones con el suyo.

No puede sucedernos nada en esta vida sin que pase por el filtro de Dios. Como alguien dijera, parafraseando a Romanos 8.18: «Los deleites del cielo sobrepasarán con mucho a las dificultades de la tierra». No importa qué debamos soportar aquí, solo es algo temporal. Cuando Dios permite que sus hijos pasen por el horno de experiencias de nuestras vidas, mantiene su ojo en el reloj, ¡y su mano en el termostato!

Esta vida solamente es temporal; la que dura para siempre es la próxima. Solo se nos han otorgado unos cuantos años entre las eternidades para hacer la obra de Dios aquí en la tierra. Como alguien dijera: «El cielo significará más para los que invirtieron más en él». Mientras estamos aquí en la sala de espera de Dios, preparándonos para vivir en el palacio, cada uno de nosotros tiene una función, un trabajo que realizar.

Algunos salvan vidas; otros salvan almas.

Algunos crían hijos; otros consuelan a los moribundos.

Algunos alimentan a los hambrientos; otros visten a los pobres.

Algunos ayudan a los necesitados; otros animan a los temerosos.

Muchas veces en mi vida me han rescatado de un pozo por las palabras de aliento de otros; en sus notas y voces he oído a Dios hablar. Cuando terminé pegada del techo, Dios le dio a otros una espátula de amor para despegarme y encaminarme de nuevo.

Y entonces llegó mi turno. Dios me envió a las proximidades del pozo y me dio un salvavidas que ahora alegremente le lanzo a otros. El salvavidas es el amoroso ánimo de Dios, que nos atrae a Dios mismo.

Agarrada a un extremo, le tiro el otro a alguien que haya caído recientemente en la ciénaga. Y entonces Dios nos saca a ambos del pozo de la desesperación y nos arropa en su sábana de consuelo de amor.

Cómo brindar la esperanza del cielo

No hay *nada* en tu vida que Dios y tú no puedan resolver juntos, si te sales del medio y le permites tomar el control de ella. Él puede convertir tus problemas en bendiciones y entonces puede usar esas bendiciones para añadir profundidad a tu espíritu, para que tu alabanza sea más ferviente y gozosa y tu vida sea de inspiración para otros.

Mi amiga Rose Totino, fundadora de *Totino's Frozen Pizza* [Pizza congelada Totino], vivió ese tipo de vida inspiradora. Enfrentó muchos retos durante sus setenta y nueve años. Pero jamás desvió su vida del cielo. Es más, cuando miro la cautivadora fotografía de Rose que se reproduce al final del capítulo, veo un maravilloso gozo irradiando de esa exuberante sonrisa, ¿verdad? Ese destello de gozo que vemos en Rose era un reflejo de la gloria de Dios.

Esta fotografía la usó American Express en una campaña publicitaria donde se mostraban héroes estadounidenses. Varios años después se imprimió de nuevo de manera más conmovedora. Apareció en la portada del folleto que le dieron a los invitados del servicio fúnebre de Rose en 1994. Dentro de la hoja, el tributo a Rose advertía cómo deseaba que se le recordara: «Como una mujer cuyo rostro siempre estaba vuelto hacia Dios y como alguien que sabía muy bien que cuando llegara el día en que Jesús se la llevara a casa, no habría, como acostumbraba a decir, "un remolque tras el carro fúnebre"».

A esto le siguió un hermoso ensayito que Rose había visto en un mural de la Clínica Mayo. Decía:

> El cáncer es limitado.
> No puede malograr el amor.
> No puede quebrantar la esperanza.

No puede corroer la fe.
No puede consumir la paz.
No puede destruir la confianza.
No puede matar la amistad.
No puede encerrar los recuerdos.
No puede silenciar el valor.
No puede invadir el alma.
No puede reducir la vida eterna.
No puede apagar el Espíritu.
No puede disminuir el poder de la
     resurrección.

Autor desconocido.

Rose W. Totino

Foto reimpresa con permiso de la Corporación American Express.

Muchas palabras hermosas han descrito a Rose, pero la fotografía es lo que toca mi corazón con más profundidad. Es como si con esa sonrisa de arrobo, Rose respondiera al gozoso coro que escucha dándole la bienvenida al acercarse a las puertas del cielo.

Para Rose, y para todos los cristianos, la muerte no es algo temido. ¡Es preciosa! Es nuestra grandiosa entrada al cielo, nuestra llegada a los pies del trono de Dios. ¡Cuán feliz será ese momento! Cuando pienso en el gozo y la paz que me esperan allí, ¡casi no puedo esperar!

Agradecimiento de permisos

La correspondencia dirigida a los Ministerios Espátula es muy abundante, y cada día las cartas traen más anécdotas, caricaturas, poemas, bromas y dichos que mis considerados amigos recortaron o citaron de revistas, periódicos, publicaciones eclesiásticas y murales no identificados. Muchas de estas pequeñas gemas son demasiado buenas como para no mostrarlas, pero en muchos casos, a pesar de mis diligentes esfuerzos, no he podido identificar la fuente original. Por favor, ponte en contacto con la editorial para ayudar a identificar a los creadores de estos pequeños tesoros y así poder ofrecerle el debido reconocimiento en futuras impresiones.

Como siempre, aprecio especialmente la ayuda de esos escritores, agencias, artistas y amistades cuyos nombres aparecen a continuación. Nos han contado amablemente a ti, lectora, y a mí, algo que crearon para darnos un empujoncito a todas.

A la Corporación American Express y a la familia de Rose Totino por permitirme reimprimir la inspiradora fotografía de Rose que cierra el último capítulo de este libro.

A Ashleigh Brilliant, de Brilliant Enterprises, 117 W. Valerio Street, Santa Bárbara, California 93101, por los ocurrentes *Pot-shots* [Disparos] que salpican todo el libro.

A Ruth Harms Calkin por darnos su poema «Suddenly Mine» [Repentinamente mía], en el capítulo 4.

A Mary Chambers e InterVarsity Press por la cómica caricatura del capítulo 8.

A J. Anne Drummond por permitirme citar parte de su ensayo «Estate Sale» [Venta de estado], en el capítulo 8.

A Gallant Greetings por dejarme imprimir la tarjeta de felicitaciones en el capítulo 3.

A Randy Glasbergen por brindarnos cinco de sus jocosas caricaturas que aparecen a través de estas páginas.

A Marilyn Goss y Arts Uniq' por el hermoso dibujo, «A Child of the King» [Un hijo del Rey], del capítulo 8.

Al Dr. Robb Hicks, a Dick Innes, Sue Nichols, Dorothy Petersen, al Rvdo. Larry Potts, a Marilyn Shilt, al Rvdo. Roger Shouse y a Sherrie Weaver por contarnos sus anécdotas, bromas, poemas y experiencias a las lectoras de este libro.

A Nancy L. Jackshaw y Leaning Tree Publishing por permitirnos usar las expresiones graciosas de una de las tarjetas de felicitación de la compañía.

Al *Kansas City Star* por el permiso de reimprimir la caricatura Shorr, en el capítulo 4.

A Bil Keane por brindarnos una de sus jocosas caricaturas de «Family Circus» [Circo familiar], en el capítulo 6.

Al Sindicato King Features por la caricatura «Ralph», de Wayne Stayskal, que aparece en el capítulo 2.

A Ann Landers y al Sindicato Creators por las agradables cartas de su columna que aparecen en el capítulo 4.

A Meadowbrook Press por permitirme utilizar las caricaturas de Jane Thomas Noland y Ed Fischer, *What's So Funny about Getting Old?* [¿Qué tiene de gracioso ponerse viejo?], y Mary McBride, *Grandma Knows Best But No One Ever Listens!* [¡Abuela sabe qué es lo mejor, pero nadie jamás la escucha!]

A John McPherson, por ofrecernos generosamente cuatro caricaturas tontas en los capítulos 2, 3 y 7.

A Pamela Pettler por brindarnos «La dieta de la tensión» en el capítulo 2; y un agradecimiento especial a los miembros de la familia Pettler, diseminados de costa a costa, quienes me ayudaron a encontrar a Pamela.

A la gente buena de Recycled Paper Greetings por dejarme imprimir en el capítulo 2 a esa bailarina gorda de una de sus jocosas tarjetas.

A Dana Summers por sus alegres caricaturas de los capítulos 1 y 4.

A TON Communications por dejarme usar en el capítulo 4 las palabras de una tarjeta de felicitaciones titulada «It's in the Bible» [Está en la Biblia].

Al sindicato Universal Press por concederme eficientemente mis peticiones para usar un artículo de una columna «Querida Abby» y por las siguientes caricaturas: «For Better of For Worse» [Para bien o para mal], de Lynn Johnston, «Real Life Adventures» [Aventuras de la vida real], de GarLanco, y «Tight Corner» [Esquina angosta], de Grundy/Willett.

A Sherrie Weaver por contarnos de nuevo sus chistosas bufonadas diseminadas por todo este libro.

A Adeline Wiklund por dejarme reimprimir su conmovedor poema «Bouquets of Gold» [Ramos de oro], en el capítulo 6.

Notas

Capítulo 1. Los años de maravilla

1. Dorothy Parker, citado en Lois L. Kaufman, *Old Age Is Not for Sissies* [La vejez no es para afeminados], Peter Pauper Press, White Plains, Nueva York, 1989, p. 57.
2. Bill Cosby, citado en *ibid.*, p. 55.
3. Dave Barry, *The World According to Dave Barry* [El mundo de acuerdo con Dave Barry], Wings, Nueva York, 1994, p. 237.
4. Verla Gillmor, «Managing Menopause: Help and Hope for Facing the Change» [La administración de la menopausia: Ayuda y esperanza para enfrentar el cambio], *Today's Christian Woman*, enero de 1997, p. 49.
5. Dr. Harvey Austin, citado en Kaufman, *op. cit.*, p. 42.
6. Rob Scott y Mike Wallard, diseñadores, *Girls Just Wanna Have Facelifts: The Ugly Truth about Getting Older* [Las muchachas simplemente quieren cirugía plástica: La horrenda verdad sobre el envejecimiento], Shoebox Greetings, Kansas City, 1989.
7. Esta descripción apareció en una selección de Gail Sheehy, *Silent Passage* [Pasaje silencioso], Random House, Nueva York, 1992, en la sección

179

Lifestyle [Manera de vivir] del *Austin American-Statesman*, 16 de junio de 1992, D-1.

8. Margaret Mead, citado en *Family Circle* [Círculo familiar], 14 de mayo de 1996, p. 52.

9. Marilyn Meberg, *Choosing the Amusing: What Difference Does It Make?* [La elección de lo entretenido: ¿Hay alguna diferencia?], Multnomah, Portland Oregon, 1986, p. 24.

10. De una tarjeta de felicitaciones de Sylvia © Nicole Hollander y ©The Maine Line Company, Rockport, Maine.

11. Lady Nancy Astor, citado en Erma Bombeck, «At Wit's End» [Al final del humor], 15 de febrero de 1995, sección Accent del *Orange County Register*, p. 5.

12. Robert Fulghum, *Uh-Oh: Some Observations from Both Sides of the Refrigerator Door* [Ah-Oh: Algunas observaciones desde ambos lados de la puerta del refrigerador], Villard, Nueva York, 1991, p. 184.

13. Norene Firth, *A Bowl of Cherries: Looking at Life Through Homespun Homilies* [Un tazón de cerezas: Ver la vida mediante homilías caseras], The C.R. Gibson Company, Norwalk, Conneticut, 1980.

14. Martin A. Ragaway, *Don't Even Think of Retiring Until...* [Ni siquiera piense en retirarse hasta que...] Prince/Stern/Sloan, Los Ángeles, 1982.

15. Presidente Dwight Eisenhower, citado por Jacquelyn Benfield en una columna titulada «Age Clues» [Pistas de la edad], en un recorte de un periódico no identificado enviado por una amiga de los Ministerios Espátula.

16. Roger Rosenblatt, «Secret Admirer» [Admirador secreto], *Modern Maturity*, agosto de 1993.

17. Sherrie Weaver, *Stress or Insanity* [Estrés o locura], Great Quotations, Glendale Heights, IL, 1996.

18. Este versículo de la Escritura y la simpática oración de Nancy L. Jackshaw son parte de una

hermosa tarjeta de felicitaciones publicada por Celebration Greetings, Boulder, Colorado. Usado con permiso.

Capítulo 2. Fracasos en la clínica para adelgazar... y otras excusas para el volumen de la mediana edad

1. Prensa Asociada, «Thin may be in, but fat's where it's at» [Lo delgado estará de moda, pero la grasa es lo que es], *St. Petersburg Times*, 16 de octubre de 1996, p. 1A.

2. La columna «Upfront» [De frente] de Pam Pavlik en el *Philadelphia Inquirer*, «The Real Skinny» [La verdad sin tapujos], fecha desconocida.

3. Erma Bombeck, *A Marriage Made in Heaven* [Un matrimonio realizado en el cielo] o *Too Tired for an Affair* [Demasiado cansado para un amorío], HarperCollins, Nueva York, 1993.

4. *Tampa Tribune*, 25 de septiembre de 1996, Baylife 2.

5. Pamela Pettler, «The Stress Diet» [La dieta del estrés] en *The Joy of Stress* [El gozo del estrés], William Morrow, Nueva York, 1984. Reimpreso con permiso.

6. Chef Leonardo DiCanio, citado en «A Taste of Gold» [Una prueba de oro], sección Food & Health del *Tampa Tribune*, 5 de septiembre de 1996, p. 1.

7. Mary Anne Cohen, directora del New York Center for Eating Disorders [Centro de Nueva York para trastornos alimenticios], citado en la sección Baylife [Vida en la bahía] del *Tampa Tribune*, 23 de septiembre de 1996, p. 2.

8. Este pequeño dicho apareció en, ¿qué otra cosa?, un imán de refrigerador, de Linda Grayson, producido por Printwick Papers.

9. Entrenador de salud Chris Reichart, citado en la sección Business & Finance [Negocios y las finanzas] del *Tampa Tribune*, 23 de septiembre de 1996, p. 2.

10. «Veggies That Taste Like Fruit?» [¿Vegetales que saben a fruta?], sección Baylife del *Tampa Tribune*, 20 de septiembre de 1996, p. 2, citando un artículo de la revista *Child*.
11. *Tampa Tribune*, 27 de junio de 1996.
12. Bernice Kanner, «Americans admit lying is a daily habit» [Los estadounidenses admiten que mentir es un hábito diario], Bridge News, reeimpreso en el *Tampa Tribune*, fecha desconocida.
13. *Weight Watchers Little Book of Wisdom: Words to Lose By* [El pequeño libro de sabiduría de Weight Watchers: Palabras mediante las que se puede perder], Weight Watchers International, 1987, 1995.
14. Gracias al pastor Larry Potts, First Christian Church, Gainesville, Missouri, por brindarnos este conocimiento.
15. Sherrie Weaver, *365 Days of Life in the Stress Lane* [365 días de vida en el carril del estrés], Great Quotations Publishing, Glendale Heights, IL, 1994.
16. Weaver, *op. cit.*

Capítulo 3. Un hecho de la vejez: Lo que pierdes en elasticidad lo ganas en sabiduría

1. La definición de la Organización Mundial de la Salud en cuanto a estar en buena condición física, citada en Susan H. Thompson, «Benefits of exercise are easy to attain» [Los beneficios del ejercicio pueden alcanzarse con facilidad], *Tampa Tribune*, 5 de septiembre de 1996, p. 3.
2. Mi Cuarto de Gozo comenzó en una caja de zapatos llamada «Caja de gozo», que tuve que sustituir rápidamente. Para detalles, véase mi libro *Ponte una flor en el pelo y sé feliz*, Casa Baustista de Publicaciones, 1990.
3. Dr. James Rippe, *Fit Over Forty* [Cómo estar en forma después de los cuarenta], William Morrow, Nueva York, 1996.

4. «Vitality, Vim, and Vigor, Six Steps to More Energy» [Vitalidad, fuerza y vigor, seis pasos para una mayor energía]; panfleto publicado por Baylor College of Medicine of Health Promotion, One Baylor Plaza, Houston, TX 77030.

5. Eugene F. Ware, citado en John C. Maxwell, *Leadership 101: Inspirational Quotes & Insights for Leaders* [Liderazgo 101: Citas inspiradoras y conocimientos para líderes], Honor Books, Tulsa, 1994, p. 34.

6. Dave Barry, *Stay Fit and Healthy Until You're Dead* [Manténgase en forma y saludable hasta que se muera], Rodale, Emmaus, Pennsylvania, 1985, p. 15.

7. *Ibid.*, pp. ix-x.

8. «Don't just stuff and veg» [No se llene para haraganear], sección Food and Health [Alimentos y la salud] del *Tampa Tribune*, 26 de septiembre de 1996, p. 3.

9. La experta en acondicionamiento físico Candice Copeland-Brooks de Mammoth Lakes, California, en un artículo de *Living Fit* citado en «Get on the ball» [Póngase en órbita], de la sección Food and Health del *Tampa Tribune*, 26 de septiembre de 1996, 3.

10. Randolph Schmid, Prensa Asociada, «Feeling Your Age a Matter of Mind» [El sentir su edad es algo mental], recorte sin fecha enviado por una amiga de los Ministerios Espátula.

11. Adaptado de William Van Wert, *What's It All About?* [¿De qué se trata?], Simon & Schuster, Nueva York, 1996, p. 128.

12. William F. Fry, siquiatra de la Escuela de medicina de la Universidad Sanford, citado en «Fit Notes» [Notas sobre el acondicionamiento físico], sección Food and Health, *Tampa Tribune*, 14 de noviembre de 1996, p. 6.

13. De una caricatura de Randy Glasbergen. Usada con permiso.

Capítulo 4. Envejecer es inevitable; madurar es opcional
1. Prensa Asociada, «Clinton praises Lucid's space feat» [Clinton alaba la hazaña espacial de Lucid], 28 de septiembre de 1996.
2. Larry Laudan, *The Book of Risks* [El libro de los riesgos], Wiley & Sons, Nueva York, citado en Jeffrey Kluger, *St. Petersburg Times*, 9 de junio de 1996.
3. Max Lucado, *Todavía remueve piedras*, Editorial Betania, Miami, FL, 1994, pp. 80-81.
4. Carol Kent, *Speak Up with Confidence* [Hable con confianza], Thomas Nelson, Nashville, 1993, p. 47.
5. Ingrid Trobisch, «Losing a Loved One» [La pérdida de un ser querido], *A Better Tomorrow Magazine*, invierno 1993, p. 89.
6. Adaptado de «Ten Steps to Brighten Your Life» [Diez pasos para alegrar su vida], Alfred A. Montapert. Casa editorial desconocida.
7. Reportado por Charles Osgood, «Newsbreak», CBS Radio Network, 22 de septiembre de 1980.
8. *Tampa Tribune*, 17 de septiembre de 1996.
9. *Ibid.*
10. Marc Silver, *U.S. News & World Report*, 4 de junio de 1990, p. 76.
11. Millard y Linda Fuller, *The Excitement Is Building* [La excitación crece], Word, Dallas, 1990, pp. 34-35.
12. Ann Landers, 13 de diciembre de 1995. Permiso concedido por Ann Landers y Creators Syndicate.
13. Sherwood Eliot Wirt, *I Don't Know What Old Is, But Old Is Older Than Me* [No sé qué es lo viejo, pero lo viejo es más viejo que yo], Thomas Nelson, Nashville, 1992, p. 87.

14. Dave Veerman, editor, *How to Get Along with the Opposite Sex: Book 2 of the Ready for Life Series* [Cómo llevarse bien con el sexo opuesto: Libro 2 de la Serie Listos para la vida], Victor Books/Scripture Press, Wheaton, IL, 1994. Adaptado al castellano.
15. Dra. Donna Watson, *101 Ways to Enjoy Life's Simple Pleasures* [101 Maneras de disfrutar de los simples placeres de la vida], Bard and Stephen, Austin, TX, 1994, p. 17.
16. H. Jackson Brown Jr., *Live and Learn and Pass It On* [Vive y aprende y transmítelo], Portal Publications, Nashville, 1992.
17. De una tarjeta de felicitaciones de «It's in the Bible» [Está en la Biblia], derechos reservados de TON Communications, Inc., Newark, Delaware. Usado con permiso.
18. Este relato cómico fue sometido por Janice S. Walsh a «Lite Fare» [Comida ligera], *Christian Reader*, septiembre-octubre, 1996, p. 76.
19. «Suddenly Mine» [Repentinamente mía] de *Lord, You Love to Say Yes* [Señor, a ti te encanta decir que sí], por Ruth Harms Calkin, Pomona, California. Usado con permiso. Todos los derechos reservados.

Capítulo 5. Recuerdos preciosos: Cómo nos dejan
1. Ravi Zacharias, *Deliver Us from Evil* [Líbranos del mal], Word, Dallas, 1996.
2. Van Wert, *op. cit.*, p. 230.
3. Hugh O'Neill, *New Choices*, octubre 1996, p. 72.
4. *Ibid.*
5. Dr. Charlotte David Kasl, *Finding Joy: 101 Ways to Free Your Spirit and Dance with Life* [Al encuentro del gozo: 101 Maneras de liberar su espíritu y bailar con la vida], HarperCollins, Nueva York, 1994, pp. 84-85.

6. El relato del accidente de Bill y su milagrosa recuperación se relata en *Ponte una flor en el pelo y sé feliz*.

7. Esta pequeña gema se le acreditó a *Railway Employees Journal* [Diario de los empleados ferroviarios] en un recorte no identificado enviado por una amiga de los Ministerios Espátula.

8. Weaver, *op. cit.*, 1.º de octubre.

9. Adaptado de Weaver *ibid.*, 31 de agosto.

10. Martin A. Ragaway, *Good News, Bad News* [Buenas noticias, malas noticias], Price/Stern/Sloan, Los Ángeles, 1984.

11. Bill Cosby, citado en Kaufman, *op. cit.*, p. 56.

12. Erma Bombeck, *Star News*, Hendersonville, Tennessee, 12 de noviembre de 1993, p. 2A.

13. Ed Fischer y Jane Thomas Noland, *What's So Funny About Getting Old?* [¿Qué tiene de cómico envejecer?], Meadowbrook Press, Minnetonka, MI, 1991.

14. Adaptado de una broma en «La risa, remedio infalible», *Selecciones del Reader's Digest*, abril de 1996, p. 77, y combinado con otras contribuciones enviadas por amistades de los Ministerios Espátula.

Capítulo 6. Las abuelas son muñequitas antiguas
1. Bombeck, *A Marriage Made in Heaven*.

2. Max Lucado, *El trueno apacible*, Editorial Betania, Miami, FL, 1996, pp. 208-209.

3. «35 years behind baby boomer bottoms» [35 Años tras los traseros de los *baby boomers*], *St. Petersburg Times*, 8 de septiembre de 1996, p. 6H.

4. Adaptado de «Grandma, Let's Play» [Abuela, juguemos], *A Better Tomorrow*, invierno, 1993, pp. 74-77.

5. John Crudele, CSP, y Dr. Richard Erickson, *Making Sense of Adolescence* [Cómo entender la adolescencia], Triumph Books, Liguori, Missouri, 1995, citado en *Servant Life*, febrero de 1996, p. 5.

6. Adaptado de Charles L. Allen, *Grandparents R Great* [Los abuelos son fantásticos], Barbour, Uhrichsville, Ohio, 1992, p. 8.
7. *Ibid.*, p. 60.
8. Usado con permiso de Adeline Wiklund, Shelley, ID.
9. Jack Canfield y Mark Victor Hansen, *Chicken Soup for the Soul* [Sopa de pollo para el alma], Health Communications, Deerfield Beach, FL, 1993, p. 12.
10. James E. Myers, *A Treasury of Senior Humor* [Un tesoro de humor maduro], Lincoln-Herndon Press, Springfield, IL, 1992, p. 180.
11. *Ibid.*, p. 181.
12. *Ibid.*, p. 173.

Capítulo 7. El hombre es la raíz de todos nuestros males, ¿verdad chicas?

1. «The Vanishing Pause» [La pausa desvaneciente], *Parade*, 16 de febrero de 1992, p. 23.
2. Erma Bombeck, «Erma Bombeck's Life Secrets. For such a young person, I've learned a whole lot» [Los secretos de la vida de Erma Bombeck. Para una persona tan joven, he aprendido muchísimo], *Family Cicle*, septiembre de 1982, p. 60.
3. Milton Segal, citado en «Quiplash», columna sin fecha del *Christian Reader*.
4. Martha J. Beckman, *Meditations to Make You Smile* [Meditaciones para hacerle sonreír], Dimensions for Living, Nashville, 1995, p. 117.
5. Fuente original desconocida. Adaptado de Allen, *op. cit.*, p. 48.
6. Atribuido a «RTN» en Fischer y Noland, *op. cit.*
7. *Over the Hill: Humorous Thoughts on Growing Older* [En la cima de la montaña: Pensamientos humorísticos sobre el envejecimiento], Great Quotations, Lombard, IL, 1986, p. 33.

8. Adaptado de Weaver, *op. cit.*, 9 de junio.
9. Lucille Nahemow, Kathleen A. McCluskey-Fawcett y Paul E. McGhee, editores, *Humor and Aging* [Humor y envejecimiento], Academic Press, San Diego, 1986, p. 114.
10. Barry, *op. cit.*, p. 275.
11. Reggie the Retiree, *Laughs and Limericks on Aging—in Large Print* [Risas y quintilla humorística sobre el envejecimiento: impreso con letras grandes], Reggie the Retiree Co., Fort Myers, FL, 1991.
12. Kaufman, *op. cit.*, p. 8.
13. Max Lucado, *Cuando Dios susurra tu nombre*, Editorial Betania, Miami, FL, 1995, p. 51.
14. Gary Smalley, *Para que el amor no se apague*, Editorial Betania, Miami, FL, 1997, p. 218.
15. Este ensayo aparece en Ann Landers, *Wake Up and Smell the Coffee!* [¡Despierte y huela el café!], Villard, Nueva York, 1996; citando al *News-Times* de Danbury, Conneticut y una revista holandesa.
16. Max Lucado, *En manos de la gracia*, Editorial Betania, Miami, FL, 1997, p. 137.
17. Kaufman, *op. cit.*, p. 62.
18. Gracias a Roger Shouse, Indianapolis, IN, por contarme este chiste.
19. Adaptado de un artículo de los periódicos Knight-Ridder que apareció en la sección Baylife [Vida en la bahía] del *Tampa Tribune* del 25 de junio de 1996, p. 2.

Capítulo 8. ¡Listas para el despegue!
1. Harriett E. Buell, «A Child of the King» [Un hijo del rey], 1877.
2. El Rvdo. Warren Keating en *The Joyful Noiseletter* [La carta ruidosa y gozosa], reimpreso en *Selecciones del Reader's Digest*, diciembre de 1995, pp. 63-64.
3. J. Anne Drummond, «Estate Sale» [Venta de estado], *Decision*, septiembre de 1986. Usado con permiso de J. Anne Drummond.

4. Proverbios 12.25
5. Proverbios 25.25
6. Charles Swindoll, *El poder de la esperanza*, Editorial Betania, Miami, FL, 1997, pp. 230-231.
7. *National Catholic Reporter* [El reportero nacional católico], 10 de mayo de 1996, p. 2.
8. Erma Bombeck, «At Wit's End» [Al final del humor]. Usado con permiso de la Agencia Aaron Priest.
9. _____, *Forever, Erma* [Para siempre, Erma], Andrews and McMeel, Kansas City, 1996, p. xiv.
10. Hudson Taylor, citado en Swindoll, *El poder de la esperanza*, p. 213.